LE ROSIER DE MADAME HUSSON

ŒUVRES DE GUY DE MAUPASSANT

Paru dans Le Livre de Poche :

MADEMOISELLE FIFI.
LE HORLA.
UNE VIE.
LA MAISON TELLIER.
CONTES DE LA BÉCASSE.
BOULE DE SUIF.
BEL-AMI.
LA PETITE ROQUE.
MISS HARRIET.
PIERRE ET JEAN.

GUY DE MAUPASSANT

Le Rosier de Madame Husson

PRÉFACE, COMMENTAIRES ET NOTES
DE PATRICK WALD LASOWSKI

ALBIN MICHEL

Patrick Wald Lasowski a publié en 1980 *Libertines,* sur la littérature et la sensibilité libertine du XVIIIe siècle. Des articles consacrés à Stendhal, Huysmans, Laforgue, Klossowski...
En 1982, marquant l'influence profonde de la maladie, *Syphilis, Essai sur la littérature française du XIXe siècle.*

PRÉFACE

En 1887, successivement, « Le Horla », « La Morte », « La Nuit » ont plongé le lecteur de Maupassant dans l'angoisse. Ce sont là contes noirs et fantastiques, véritables cauchemars où s'agite un narrateur en danger de mort — fou, égaré, éperdu, acculé au suicide au terme de la nouvelle : « Alors... alors... il va donc falloir que je me tue, moi !... » (« Le Horla »). La nuit s'appesantit où l'infatigable marcheur, engourdi, pétrifié, a fini par se perdre : « Et je sentais bien [...] que j'allais mourir là... moi aussi, de faim — de fatigue — et de froid » (« La Nuit »). Mais devant le gel qui s'étend, qui menace, comme s'il lui fallait — d'extrême urgence — distraire et retourner une inspiration saisie par le froid, « Le Rosier de Madame Husson » qui paraît alors dans *La Nouvelle Revue,* savoureux et cocasse, affichant le comique, saura parfaitement rompre la glace... Et c'est pourquoi, comme les meilleures généalogies exhibent un trou dans la chaîne héréditaire, comme les mécaniques les plus sûres connaissent la nécessité de se dérégler, pour renouer avec le train « ordinaire » de ses contes, pour relancer d'autant mieux la marche de ses volumes, Maupassant fait dérailler complètement la machine aux premières lignes du *Rosier*. La secousse est épouvantable, le train qui tant de fois a mené le narrateur entre Paris et la province, ce train que Maupassant voit « filer à toute vitesse », que Maupassant fasciné regarde passer, simplement, brutalement, avec une évidence stupéfiante — le train, ici, est couché sur les rails, râlant comme un cheval à l'agonie. Mais cela, bien sûr, n'empêche rien. Au contraire. Tous les voyageurs descendent, gagnent la ville. Et, de même que, quelques années plus tôt, le docteur Bonnet accueillait le narrateur en gare de Riom pour lui faire visiter l'Auvergne — « J'arrivai par le train du matin, et la première figure aperçue sur le quai de la gare fut celle du docteur », « Berthe » (1884) —, Raoul Aubertin va retrouver à Gisors le docteur Marambot avec une fraîcheur, une vigueur renouvelées par l'accident.

Ici et là, en effet, Bonnet ou Marambot, c'est la figure du médecin qui apparaît d'abord au voyageur de passage dans la vieille cité, personnage obligé, guide bavard et conducteur du romanesque que Balzac, Stendhal, Barbey d'Aurevilly et tous les écrivains du XIXe ont fixé au seuil de la province. Dépositaire du secret des familles, gardien du patrimoine régional, érudit, lettré, observateur implacable, le docteur de province connaît sa ville depuis les origines, et se fait pardonner l'ennui de considérations savantes par une anecdote curieuse, un drame mystérieux, une confidence captivante. Aussi, en Auvergne comme sur les bords de l'Epte, le rituel est-il, chaque fois, le même : il faut parcourir la ville, en admirer les maisons les plus anciennes, s'incliner devant les statues, celle de la Vierge patronne des bouchers à Riom, celle du général de Blanmont à Gisors, célébrités locales — avant d'obtenir enfin, en récompense, en supplément, une « histoire » réservée jusque-là comme une poire pour la soif... Le voyageur alors s'efface tout à fait, et le lecteur à son tour, mis en appétit par la promenade, impatienté par la visite, s'abandonne sans réserve au récit du médecin, acteur, témoin et premier rapporteur de la chronique provinciale.

Mais d'une nouvelle à l'autre, de « Berthe » — recueillie dans *Yvette* — au « Rosier de Madame Husson » qui ouvre le recueil et lui donne son titre, l'inspiration, la composition, la physionomie du conte, tout a changé. C'est que, très vite, le docteur Marambot occupe, encombre, bouche complètement les devants de la scène. Nous livrant le fruit de ses réflexions sur la sélection des œufs, la gourmandise et l'esprit de clocher, l'histoire de Gisors et ses curiosités, la face réjouie, la langue déliée, la bouche perpétuellement « en travail », Marambot parle, Marambot n'en finit pas de parler. Jamais narrateur ne fut aussi convaincu, glorieux et pénétré de lui-même, étourdi par les fumées de ces discours officiels, éloges académiques et dissertations de collège dont la province se grise. Le sobre Maupassant, si soucieux d'ordinaire de la plus stricte économie dans l'écriture de ses contes, a choisi de se laisser emporter. Et la nouvelle s'augmente, s'enfle de digressions successives, toute gonflée, toute pleine des plaidoyers du docteur. Jamais l'anecdote

— le cœur, le noyau du récit — n'a été, dans l'œuvre de Maupassant, si largement, si longuement, débordée par le texte. Mais, elle-même saturée d'allocutions, de rappels historiques, obéissant à ce développement continu, l'histoire d'Isidore en est inséparable. La farce du Rosier appartient tout entière à Gisors.

Car s'il faut chercher la vérité du lieu dans le nom de la ville, comme « Berthe » nous y invite à Riom — « Retournez ce nom et vous avez *mori, mourir...* », souffle le docteur —, il convient ici de retourner *Gisors* pour en pénétrer le secret ; et c'est ainsi, en effet, tout bouffi, singulièrement *grossi*, empâté, arrondi comme un œuf enveloppé dans la gelée de viande, qu'Albert Marambot apparaît à son camarade Aubertin : « Je devinai les longs repas qui avaient arrondi son ventre [...] », « Le Rosier de Madame Husson ». Le Parisien est vif, nerveux, pétulant ; le provincial est rond, la province est un ventre. Comme Simon Radevin que le narrateur retrouve après quinze ans de séparation, sans pouvoir le reconnaître en descendant du train — « Comme je descendais de wagon, un gros, très gros homme, aux joues rouges, au ventre rebondi, s'élança vers moi, les bras ouverts, en criant : "Georges" », « Une Famille » (1886) —, le docteur Marambot, ce « gros homme à favoris », est lui aussi méconnaissable : « Certes, je ne l'aurais pas reconnu », « Le Rosier de Madame Husson ». Douze années de grasse Normandie, de cette vie de province qui « alourdit, épaissit et vieillit », ont fait de Marambot cet être morne, épaissi par les sauces et les vins, et qui menace lui-même, par deux fois, d'étouffer Aubertin : « Il ouvrit les bras et faillit m'étouffer », « Il me fit manger jusqu'à la suffocation ». Tant Gisors, monstre discret, est suffocante... C'est à quoi succombe Isidore ; c'est de cela que s'enivre, avant tout, l'élu de Madame Husson : son premier péché n'est pas de boire, mais de connaître, d'un coup, brutalement, qu'il a un ventre : « Il prenait et reprenait de tout, s'apercevant pour la première fois qu'il est doux de sentir son ventre s'emplir de bonnes choses qui font plaisir d'abord en passant dans la bouche. Il avait desserré adroitement la boucle de son pantalon qui le serrait sous la pression croissante de son bedon, et silencieux, un peu inquiété cependant par une tache de vin tombée sur son veston de coutil, il cessait de mâcher pour porter son verre à sa bouche [...]. » La tache de vin lui tombe sur le ventre quand tout est consommé, comme une jeune écervelée surprise par le loup, comme le sang ailleurs souille un lit virginal : « Jeune fille avec tache » (1899), tel est le titre que Victorien du Saussay donne aux tribulations d'une jeune fille enceinte. Il faut dire de même : jeune rosier bedonnant, l'innocent, le niais, engrossé par surprise au cours du banquet qui célébrait sa gloire... Il ne lui reste plus, rentré à la maison, entre fruits et légumes, qu'à mordre une dernière pêche avant de basculer tout à fait : « Le Rosier en prit une et la mangea à pleines dents, bien qu'il eût le ventre rond comme une citrouille. » La panse lourde, Isidore quitte alors le paradis de la boutique en faisant sonner dans sa poche sa bourse pleine d'or.

Panse, poche, bourse — pleines et trop pleines : le rosier, devenu roi « des pochards », affiche ainsi, par excès, l'ayant connu subitement et sans préparation, ce qui hante Gisors. Et la malice de Maupassant — malice du conteur qui fait sonner de recueil en recueil son sac plein d'anecdotes — est de céder la parole au docteur : avec la rhétorique de son ventre — boursouflée, emphatique —, Marambot donne à la nouvelle, un peu forte, arrondie, exceptionnellement volumineuse, l'embonpoint qui convient. Aussi la conclusion lui revient-elle au terme de son éloge : « Bouffé, mon cher, Bouffé » — c'est la dernière célébrité de Gisors, c'est là son dernier mot...

Et « Le Rosier de Madame Husson » s'inscrit dans la mémoire du lecteur. Si l'histoire d'Isidore est « passée à l'état de légende », le titre de la nouvelle lui-même — et quel surnom magnifique pour les ivrognes du pays, quel merveilleux titre de gloire ! — est celui qui, le plus facilement, parmi tous les contes et nouvelles de Maupassant, vient aux lèvres pour s'y laisser fredonner, comme un refrain ironique et cocasse, bouffant, bouffon, tout glorieux, épanoui comme un air d'opérette.

P. WALD LASOWSKI.

LE ROSIER DE MADAME HUSSON

Nous venions de passer Gisors, où je m'étais réveillé en entendant le nom de la ville crié par les employés, et j'allais m'assoupir de nouveau, quand une secousse épouvantable me jeta sur la grosse dame qui me faisait vis-à-vis.

Une roue s'était brisée à la machine qui gisait en travers de la voie. Le tender et le wagon de bagages, déraillés aussi, s'étaient couchés à côté de cette mourante qui râlait, geignait, sifflait, soufflait, crachait, ressemblait à ces chevaux tombés dans la rue, dont le flanc bat, dont la poitrine palpite, dont les naseaux fument et dont tout le corps frissonne, mais qui ne paraissent plus capables du moindre effort pour se relever et se remettre à marcher.

Il n'y avait ni morts ni blessés, quelques contusionnés seulement, car le train n'avait pas encore repris son élan, et nous regardions, désolés, la grosse bête de fer estropiée, qui ne pourrait plus nous traîner et qui barrait la route pour longtemps peut-être, car il faudrait sans doute faire venir de Paris un train de secours.

Il était alors dix heures du matin, et je me décidai tout de suite à regagner Gisors pour y déjeuner.

Tout en marchant sur la voie, je me disais : « Gisors, Gisors, mais je connais quelqu'un ici. Qui donc ? Gisors ? Voyons, j'ai un ami dans cette ville. » Un nom soudain jaillit dans mon souvenir : « Albert Marambot. » C'était un ancien camarade de collège, que je n'avais pas vu depuis douze ans au moins, et qui exerçait à Gisors la profession de médecin. Souvent il m'avait écrit pour m'inviter ; j'avais toujours promis, sans tenir. Cette fois enfin je profiterais de l'occasion.

Je demande au premier passant : « Savez-vous où demeure M. le docteur Marambot ? » Il répondit sans hésiter, avec l'accent traînard des Normands : « Rue Dauphine. » J'aperçus en effet, sur la porte de la maison indiquée, une grande plaque de cuivre où était gravé le nom de mon ancien camarade. Je sonnai ; mais la servante, une fille à cheveux jaunes, aux gestes lents, répétait d'un air stupide : « I y est paas, i y est paas. »

J'entendais un bruit de fourchettes et de verres, et je criai : « Hé ! Marambot. » Une porte s'ouvrit, et un gros homme à favoris parut, l'air mécontent, une serviette à la main.

Certes, je ne l'aurais pas reconnu. On lui aurait donné quarante-cinq ans au moins, et, en une seconde, toute la vie de province m'apparut qui alourdit, épaissit et vieillit. Dans un seul élan de ma pensée, plus rapide que mon geste pour lui tendre la main, je connus son existence, sa manière d'être, son genre d'esprit et ses théories sur le monde. Je devinai les longs repas qui avaient arrondi son ventre, les somnolences après dîner, dans la torpeur d'une lourde digestion arrosée de cognac, et les vagues regards jetés sur les malades avec la pensée de la poule rôtie qui tourne devant le feu. Ses conversations sur la cuisine, sur le cidre, l'eau-de-vie et le vin, sur la manière de cuire certains plats et de bien lier certaines sauces me furent révélées, rien qu'en apercevant l'empâtement rouge de ses joues, la lourdeur de ses lèvres, l'éclat morne de ses yeux.

Je lui dis :

« Tu ne me reconnais pas. Je suis Raoul Aubertin. »

Il ouvrit les bras et faillit m'étouffer, et sa première phrase fut celle-ci :

« Tu n'as pas déjeuné, au moins ?

— Non.

— Quelle chance ! Je me mets à table et j'ai une excellente truite. »

Cinq minutes plus tard je déjeunais en face de lui.

Je lui demandai :

« Tu es resté garçon ?

— Parbleu !

— Et tu t'amuses ici ?

— Je ne m'ennuie pas, je m'occupe. J'ai des malades, des amis. Je mange bien, je me porte bien, j'aime à rire et chasser. Ça va.

— La vie n'est pas trop monotone dans cette petite ville ?

— Non, mon cher, quand on sait s'occuper. Une petite ville, en somme, c'est comme une grande. Les événements et les plaisirs y sont moins variés, mais on leur prête plus d'importance ; les relations y sont moins nombreuses, mais on se rencontre plus souvent. Quand on connaît toutes les fenêtres d'une rue, chacune d'elles vous occupe et vous intrigue davantage qu'une rue entière à Paris.

« C'est très amusant, une petite ville, tu sais, très amusant, très amusant. Tiens, celle-ci, Gisors, je la connais sur le bout du doigt depuis son origine jusqu'à aujourd'hui. Tu n'as pas idée comme son histoire est drôle.

— Tu es de Gisors ?

— Moi ? Non. Je suis de Gournay, sa voisine et sa rivale. Gournay est à Gisors ce que Lucullus était à Cicéron. Ici, tout est pour la gloire, on dit : « Les orgueilleux de Gisors ». A Gournay, tout est pour le ventre, on dit : « les maqueux de Gournay ». Gisors méprise Gournay, mais Gournay rit de Gisors. C'est très comique, ce pays-ci. »

Je m'aperçus que je mangeais quelque chose de vraiment exquis, des œufs mollets enveloppés dans un fourreau de gelée de viande aromatisée aux herbes et légèrement saisie dans la glace.

Je dis en claquant la langue pour flatter Marambot : « Bon, ceci. »

Il sourit. « Deux choses nécessaires, de la bonne gelée, difficile à obtenir, et de bons œufs. Oh ! les bons œufs, que c'est rare, avec le jaune un peu rouge, bien savoureux ! Moi, j'ai deux basses-cours, une pour l'œuf, l'autre pour la volaille. Je nourris mes pondeuses d'une manière spéciale. J'ai mes idées. Dans l'œuf comme dans la chair du poulet, du bœuf ou du mouton, dans le lait, dans tout, on retrouve et on doit goûter le suc, la quintessence des nourritures antérieures de la bête. Comme on pourrait mieux manger si on s'occupait davantage de cela ! »

Je riais.

« Tu es donc gourmand ?

— Parbleu ! Il n'y a que les imbéciles qui ne soient pas gourmands. On est gourmand comme on est artiste, comme on est instruit, comme on est poète. Le goût, mon cher, c'est un organe délicat, perfectible et respectable comme l'œil et l'oreille. Manquer de goût, c'est être privé d'une faculté exquise, de la faculté de discerner la qualité des aliments, comme on peut être privé de celle de discerner les qualités d'un livre ou d'une œuvre d'art ; c'est être privé d'un sens essentiel, d'une partie de la supériorité humaine ; c'est appartenir à une des innombrables classes d'infirmes, de disgraciés et de sots dont se compose notre race ; c'est avoir la bouche bête, en un mot, comme on a l'esprit bête. Un homme qui ne distingue pas une langouste d'un homard, un hareng, cet admirable poisson qui porte en lui toutes les saveurs, tous les arômes de la mer, d'un maquereau ou d'un merlan, et une poire crassane d'une duchesse, est comparable à celui qui confondrait Balzac avec Eugène Sue, une symphonie de Beethoven avec une marche militaire d'un chef de musique de régiment, et l'Apollon du Belvédère avec la statue du général de Blanmont !

— Qu'est-ce donc que le général de Blanmont ?

— Ah ! c'est vrai, tu ne sais pas. On voit bien que tu n'es point de Gisors ! Mon cher, je t'ai dit tout à l'heure qu'on appelait les habitants de cette ville les « orgueilleux de Gisors » et jamais épithète ne fut mieux méritée. Mais déjeunons d'abord, et je te parlerai de notre ville en te la faisant visiter. »

Il cessait de parler de temps en temps pour boire lentement un demi-verre de vin qu'il regardait avec tendresse en le reposant sur la table.

Une serviette nouée au col, les pommettes rouges, l'œil excité, les favoris épanouis autour de sa bouche en travail, il était amusant à voir.

Il me fit manger jusqu'à la suffocation. Puis, comme je voulais regagner la gare, il me saisit le bras et m'entraîna par les rues. La ville, d'un joli caractère provincial, dominée par sa forteresse, le plus curieux monument de l'architecture militaire du VIIe siècle qui soit en France, domine à son tour une longue et verte vallée où les lourdes vaches de Normandie broutent et ruminent dans les pâturages.

Le docteur me dit :

« Gisors, ville de 4 000 habitants, aux confins de l'Eure, mentionnée déjà dans les *Commentaires* de César : Caesaris ostium, puis Caesartium, Caesortium, Gisortium, Gisors. Je ne te mènerai pas visiter le campement de l'armée romaine dont les traces sont encore très visibles. »

Je riais et je répondis :

« Mon cher, il me semble que tu es atteint d'une maladie spéciale que tu devrais étudier, toi médecin, et qu'on appelle l'esprit de clocher. »

Il s'arrêta net :

« L'esprit de clocher, mon ami, n'est pas autre chose que le patriotisme naturel. J'aime ma maison, ma ville et ma province par extension, parce que j'y trouve encore les habitudes de mon village ; mais si j'aime la frontière, si je la défends, si je me fâche quand le voisin y met le pied, c'est parce que je me sens déjà menacé dans ma maison, parce que la frontière que je ne connais pas est le chemin de ma province. Ainsi moi, je suis Normand, un vrai Normand ; eh bien, malgré ma rancune contre l'Allemand et mon désir de vengeance, je ne le déteste pas, je ne le hais pas d'instinct comme je hais l'Anglais, l'ennemi véritable, l'ennemi héréditaire, l'ennemi naturel du Normand, parce que l'Anglais a passé sur ce sol habité par mes aïeux, l'a pillé et ravagé vingt fois, et que l'aversion de ce peuple perfide m'a été transmise avec la vie, par mon père... Tiens, voici la statue du général.

— Quel général ?

— Le général de Blanmont ! Il nous fallait une statue. Nous ne sommes pas pour rien les orgueilleux de Gisors ! Alors nous avons découvert le général de Blanmont. Regarde donc la vitrine de ce libraire. »

Il m'entraîna vers la devanture d'un libraire où une quinzaine de volumes jaunes, rouges ou bleus attiraient l'œil.

En lisant les titres, un rire fou me saisit ; c'étaient : *Gisors, ses origines, son avenir,* par M. X..., membre de plusieurs sociétés savantes ;

Histoire de Gisors, par l'abbé A... ;

Gisors, de César à nos jours, par M. B..., propriétaire ;

Gisors et ses environs, par le docteur C. D... :

Les Gloires de Gisors, par un chercheur.

« Mon cher, reprit Marambot, il ne se passe pas une année, pas une année, tu entends bien, sans que paraisse ici une nouvelle histoire de Gisors : nous en avons vingt-trois.

— Et les gloires de Gisors ? demandai-je.

— Oh ! je ne te les dirai pas toutes, je te parlerai seulement des principales. Nous avons eu d'abord le général de Blanmont, puis le baron Davillier, le célèbre céramiste qui fut l'explorateur de l'Espagne et des Baléares et révéla aux collectionneurs les admirables faïences hispano-arabes. Dans les lettres, un journaliste de grand mérite, mort aujourd'hui, Charles Brainne, et parmi les bien vivants le très éminent directeur du *Nouvelliste de Rouen,* Charles Lapierre... et encore beaucoup d'autres, beaucoup d'autres... »

Nous suivions une longue rue, légèrement en pente, chauffée d'un bout à l'autre par le soleil de juin, qui avait fait rentrer chez eux les habitants.

Tout à coup, à l'autre bout de cette voie, un homme apparut, un ivrogne qui titubait.

Il arrivait, la tête en avant, les bras ballants, les jambes molles, par périodes de trois, six ou dix pas rapides, que suivait toujours un repos. Quand son élan énergique et court l'avait porté au milieu de la rue, il s'arrêtait net et se balançait sur ses pieds, hésitant entre la chute et une nouvelle crise d'énergie. Puis il repartait brusquement dans une direction quelconque. Il venait alors heurter une maison sur laquelle il semblait se coller, comme s'il voulait entrer dedans, à travers le mur. Puis il se retournait d'une secousse et regardait devant lui, la bouche ouverte, les yeux clignotants sous le soleil, puis, d'un coup de reins, détachant son dos de la muraille, il se remettait en route.

Un petit chien jaune, un roquet famélique, le suivait en aboyant, s'arrêtant quand il s'arrêtait, repartant quand il repartait.

« Tiens, dit Marambot, voilà le rosier de Mme Husson. »

Je fus très surpris et je demandai : « Le rosier de Mme Husson, qu'est-ce que tu veux dire par là ? »

Le médecin se mit à rire.

« Oh ! c'est une manière d'appeler les ivrognes que nous avons ici. Cela vient d'une vieille histoire passée maintenant à l'état de légende, bien qu'elle soit vraie en tout point.

— Est-elle drôle, ton histoire ?

— Très drôle.

— Alors raconte-la.

— Très volontiers. Il y avait autrefois dans cette ville une vieille dame très vertueuse et protectrice de la vertu qui s'appelait Mme Husson. Tu sais, je te dis les noms véritables et pas des noms de fantaisie. Mme Husson s'occupait particulièrement des bonnes œuvres, de secourir les pauvres et d'encourager les méritants. Petite, trottant court, ornée d'une perruque de soie noire, cérémonieuse, polie, en fort bons termes avec le Bon Dieu repr
senté par l'abbé Malou, elle avait une horreur p
fonde, une horreur native du vice, et surtou
vice que l'Église appelle luxure. Les gross
avant mariage la mettaient hors d'elle, l'ex
raient jusqu'à la faire sortir de son caractère.

« Or c'était l'époque où l'on couronnait des rosières aux environs de Paris, et l'idée vint à Mme Husson d'avoir une rosière à Gisors[1].

« Elle s'en ouvrit à l'abbé Malou, qui dressa aussitôt une liste de candidates.

« Mais Mme Husson était servie par une bonne, par une vieille bonne nommée Françoise, aussi intraitable que sa patronne[2].

« Dès que le prêtre fut parti, la maîtresse appela sa servante et lui dit :

« — Tiens, Françoise, voici les filles que me pro-
« pose M. le curé pour le prix de vertu ; tâche de
« savoir ce qu'on pense d'elles dans le pays. »

« Et Françoise se mit en campagne. Elle recueillit tous les potins, toutes les histoires, tous les propos, tous les soupçons. Pour ne rien oublier, elle écrivait cela avec la dépense, sur son livre de cuisine, et le remettait chaque matin à Mme Husson, qui pouvait lire après avoir ajusté ses lunettes sur son nez mince :

« Pain .... quatre sous
« Lait .... deux sous
« Beurre .... huit sous

« Malvina Levesque s'a dérangé l'an dernier avec
« Mathurin Poilu.

« Un gigot .... vingt-cinq sous
« Sel .... un sou

« Rosalie Vatinel qu'a été rencontrée dans le boi
« Ribouet avec Césaire Piénoir par Mme Onésime
« repasseuse, le vingt juillet à la brune.

« Radis .... un sou
« Vinaigre .... deux sous
« Sel d'oseille .... deux sous

« Joséphine Durdent qu'on ne croit pas qu'al a
« fauté nonobstant qu'al est en correspondance avec
« le fil Oportun qu'est en service à Rouen et qui lui
« a envoyé un bonnet en cado par la diligence. »

« Pas une ne sortit intacte de cette enquête scrupuleuse. Françoise interrogeait tout le monde, les voisins, les fournisseurs, l'instituteur, les sœurs de l'école et recueillait les moindres bruits.

« Comme il n'est pas une fille dans l'univers sur qui les commères n'aient jasé, il ne se trouva pas dans le pays une seule jeune personne à l'abri d'une médisance.

« Or Mme Husson voulait que la rosière de Gisors, comme la femme de César, ne fût même pas soupçonnée et elle demeurait effarée, désolée, désespérée, devant le livre de cuisine de sa bonne[1].

« On élargit alors le cercle des perquisitions jusqu'aux villages environnants ; on ne trouva rien.

« Le maire fut consulté. Ses protégées échouèrent. Celles du docteur Barbesol n'eurent pas plus de succès, malgré la précision de ses garanties scientifiques.

« Or, un matin, Françoise, qui rentrait d'une course, dit à sa maîtresse :

« — Voyez-vous, madame, si vous voulez couron-
« ner quelqu'un, n'y a qu'Isidore dans la con-
« trée. »

« Mme Husson resta rêveuse.

« Elle le connaissait bien, Isidore, le fils de Virginie la fruitière. Sa chasteté proverbiale faisait la joie de Gisors depuis plusieurs années déjà, servait de thème plaisant aux conversations de la ville et d'amusement pour les filles qui s'égayaient à le taquiner. Agé de vingt ans passés, grand, gauche, lent et craintif, il aidait sa mère dans son commerce et passait ses jours à éplucher des fruits ou des légumes, assis sur une chaise devant la porte.

« Il avait une peur maladive des jupons qui lui faisait baisser les yeux dès qu'une cliente le regardait en souriant, et cette timidité bien connue le rendait le jouet de tous les espiègles du pays.

« Les mots hardis, les gauloiseries, les allusions graveleuses le faisaient rougir si vite que le docteur Barbesol l'avait surnommé le thermomètre de la pudeur. Savait-il ou ne savait-il pas ? se demandaient les voisins, les malins. Était-ce le simple pressentiment de mystères ignorés et honteux, ou bien l'indignation pour les vils contacts ordonnés par l'amour qui semblait émouvoir si fort le fils de la fruitière Virginie ? Les galopins du pays en courant devant sa boutique hurlaient des ordures à pleine bouche afin de le voir baisser les yeux ; les filles s'amusaient à passer et repasser devant lui en chuchotant des polissonneries qui le faisaient rentrer dans la maison. Les plus hardies le provoquaient ouvertement, pour rire, pour s'amuser, lui donnaient des rendez-vous, lui proposaient des choses abominables.

« Donc Mme Husson était devenue rêveuse.

« Certes, Isidore était un cas de vertu exceptionnel, notoire, inattaquable. Personne, parmi les plus sceptiques, parmi les plus incrédules, n'aurait pu, n'aurait osé soupçonner Isidore de la plus légère infraction à une loi quelconque de la morale. On ne l'avait jamais vu non plus dans un café, jamais rencontré le soir dans les rues. Il se couchait à huit heures et se levait à quatre. C'était une perfection, une perle.

« Cependant Mme Husson hésitait encore. L'idée de substituer un rosier à une rosière la troublait, l'inquiétait un peu, et elle se résolut à consulter l'abbé Malou.

« L'abbé Malou répondit : « Qu'est-ce que vous

« désirez récompenser, madame ? C'est la vertu, « n'est-ce pas, et rien que la vertu.

« Que vous importe, alors, qu'elle soit mâle ou « femelle ! La vertu est éternelle, elle n'a pas de « patrie et pas de sexe : elle est *la Vertu.* »

« Encouragée ainsi, Mme Husson alla trouver le maire.

« Il approuva tout à fait : « Nous ferons une belle « cérémonie, dit-il. Et une autre année, si nous « trouvons une femme aussi digne qu'Isidore, nous « couronnerons une femme. C'est même là un « bel exemple que nous donnerons à Nanterre. « Ne soyons pas exclusifs, accueillons tous les « mérites. »

« Isidore, prévenu, rougit très fort et sembla content.

« Le couronnement fut donc fixé au 15 août, fête de la Vierge Marie et de l'empereur Napoléon.

« La municipalité avait décidé de donner un grand éclat à cette solennité et on avait disposé l'estrade sur les Couronneaux, charmant prolongement des remparts de la vieille forteresse où je te mènerai tout à l'heure.

« Par une naturelle révolution de l'esprit public, la vertu d'Isidore, bafouée jusqu'à ce jour, était devenue soudain respectable et enviée depuis qu'elle devait lui rapporter 500 francs, plus un livret de caisse d'épargne, une montagne de considération et de la gloire à revendre. Les filles maintenant regrettaient leur légèreté, leurs rires, leurs allures libres ; et Isidore, bien que toujours modeste et timide, avait pris un petit air satisfait qui disait sa joie intérieure.

« Dès la veille du 15 août, toute la rue Dauphine

était pavoisée de drapeaux. Ah ! j'ai oublié de te dire à la suite de quel événement cette voie avait été appelée rue Dauphine.

« Il paraîtrait que la Dauphine, une dauphine, je ne sais plus laquelle, visitant Gisors, avait été tenue si longtemps en représentation par les autorités que, au milieu d'une promenade triomphale à travers la ville, elle arrêta le cortège devant une des maisons de cette rue, et s'écria : « Oh ! la jolie habi-« tation, comme je voudrais la visiter ! A qui donc « appartient-elle ? » On lui nomma le propriétaire, qui fut cherché, trouvé et amené, confus et glorieux, devant la princesse.

« Elle descendit de voiture, entra dans la maison, prétendit la connaître du haut en bas et resta même enfermée quelques instants seule dans une chambre.

« Quand elle ressortit, le peuple, flatté de l'honneur fait à un citoyen de Gisors, hurla : « Vive la Dauphine ! » Mais une chansonnette fut rimée par un farceur, et la rue garda le nom de l'altesse royale car :

« La princesse très pressée,
Sans cloche, prêtre ou bedeau,
L'avait avec un peu d'eau,
Baptisée.

« Mais je reviens à Isidore.

« On avait jeté des fleurs tout le long du parcours du cortège, comme on fait aux processions de la Fête-Dieu, et la garde nationale était sur pied, sous les ordres de son chef, le commandant Desbarres, un vieux solide de la Grande Armée, qui montrait avec orgueil, à côté du cadre contenant la croix d'honneur donnée par l'Empereur lui-même, la barbe d'un cosaque cueillie d'un seul coup de sabre au menton de son propriétaire par le commandant, pendant la retraite de Russie.

« Le corps qu'il commandait était d'ailleurs un corps d'élite célèbre dans toute la province, et la compagnie des grenadiers de Gisors se voyait appelée à toutes les fêtes mémorables dans un rayon de quinze à vingt lieues. On raconte que le roi Louis-Philippe, passant en revue les milices de l'Eure, s'arrêta émerveillé devant la compagnie de Gisors et s'écria : « Oh ! quels sont ces beaux grena-« diers ?

« — Ceux de Gisors, répondit le général.

« — J'aurais dû m'en douter », murmura le roi.

« Le commandant Desbarres s'en vint donc avec ses hommes, musique en tête, chercher Isidore dans la boutique de sa mère.

« Après un petit air joué sous ses fenêtres, le Rosier lui-même apparut sur le seuil.

« Il était vêtu de coutil blanc des pieds à la tête, et coiffé d'un chapeau de paille qui portait comme cocarde un petit bouquet de fleurs d'oranger.

« Cette question du costume avait beaucoup inquiété Mme Husson, qui hésita longtemps entre la veste noire des premiers communiants et le complet tout à fait blanc. Mais Françoise, sa conseillère, la décida pour le complet blanc en faisant voir que le Rosier aurait l'air d'un cygne.

« Derrière lui parut sa protectrice, sa marraine, Mme Husson triomphante. Elle prit son bras pour sortir, et le maire se plaça de l'autre côté du Rosier. Les tambours battaient. Le commandant

Desbarres commanda : « Présentez armes ! » Le cortège se remit en marche vers l'église, au milieu d'un immense concours de peuple venu de toutes les communes voisines.

« Après une courte messe et une allocution touchante de l'abbé Malou, on repartit vers les Couronneaux où le Banquet était servi sous une tente.

« Avant de se mettre à table, le maire prit la parole. Voici son discours textuel. Je l'ai appris par cœur, car il est beau :

« Jeune homme, une femme de bien, aimée des « pauvres et respectée des riches, Mme Husson, « que le pays tout entier remercie ici par ma voix, a « eu la pensée, l'heureuse et bienfaisante pensée, de « fonder en cette ville un prix de vertu qui serait un « précieux encouragement offert aux habitants de « cette belle contrée.

« Vous êtes, jeune homme, le premier élu, le pre- « mier couronné de cette dynastie de la sagesse et « de la chasteté. Votre nom restera en tête de cette « liste des plus méritants ; et il faudra que votre vie, « comprenez-le bien, que votre vie tout entière « réponde à cet heureux commencement. Aujour- « d'hui, en face de cette noble femme qui récom- « pense votre conduite, en face de ces soldats- « citoyens qui ont pris les armes en votre honneur, « en face de cette population émue, réunie pour « vous acclamer, ou plutôt pour acclamer en vous « la vertu, vous contractez l'engagement solennel « envers la ville, envers nous tous, de donner jus- « qu'à votre mort l'excellent exemple de votre « jeunesse.

« Ne l'oubliez point, jeune homme. Vous êtes la

« première graine jetée dans ce champ de l'espé-
« rance, donnez-nous les fruits que nous attendons
« de vous. »

« Le maire fit trois pas, ouvrit les bras et serra contre son cœur Isidore qui sanglotait.

« Il sanglotait, le Rosier, sans savoir pourquoi, d'émotion confuse, d'orgueil, d'attendrissement vague et joyeux.

« Puis le maire lui mit dans une main une bourse de soie où sonnait de l'or, cinq cents francs en or !... et dans l'autre un livret de caisse d'épargne. Et il prononça d'une voix solennelle : « Hommage,
« gloire et richesse à la vertu. »

« Le commandant Desbarres hurlait : « Bravo ! » Les grenadiers vociféraient, le peuple applaudit.

« A son tour, Mme Husson s'essuya les yeux.

« Puis on prit place autour de la table où le banquet était servi.

« Il fut interminable et magnifique. Les plats suivaient les plats ; le cidre jaune et le vin rouge fraternisaient dans les verres voisins et se mêlaient dans les estomacs. Les chocs d'assiettes, les voix et la musique qui jouait en sourdine faisaient une rumeur continue, profonde, s'éparpillant dans le ciel clair où volaient les hirondelles. Mme Husson rajustait par moments sa perruque de soie noire chavirée sur une oreille et causait avec l'abbé Malou. Le maire, excité, parlait politique avec le commandant Desbarres, et Isidore mangeait, Isidore buvait, comme il n'avait jamais bu et mangé ! Il prenait et reprenait de tout, s'apercevant pour la première fois qu'il est doux de sentir son ventre s'emplir de bonnes choses qui font plaisir d'abord en passant dans la bouche. Il avait desserré adroitement la boucle de son pantalon qui le serrait sous la pression croissante de son bedon, et silencieux, un peu inquiété cependant par une tache de vin sur son veston de coutil[1], il cessait de mâcher pour porter son verre à sa bouche, et l'y garder le plus possible, car il goûtait avec lenteur.

« L'heure des toasts sonna. Ils furent nombreux et très applaudis. Le soir venait ; on était à table depuis midi. Déjà flottaient dans la vallée les vapeurs fines et laiteuses, léger vêtement de nuit des ruisseaux et des prairies ; le soleil touchait à l'horizon ; les vaches beuglaient au loin dans les brumes des pâturages. C'était fini : on redescendait vers Gisors. Le cortège, rompu maintenant, marchait en débandade. Mme Husson avait pris le bras d'Isidore et lui faisait des recommandations nombreuses, pressantes, excellentes.

« Ils s'arrêtèrent devant la porte de la fruitière, et le Rosier fut laissé chez sa mère.

« Elle n'était point rentrée. Invitée par sa famille à célébrer aussi le triomphe de son fils, elle avait déjeuné chez sa sœur, après avoir suivi le cortège jusqu'à la tente du banquet.

« Donc Isidore resta seul dans la boutique où pénétrait la nuit.

« Il s'assit sur une chaise, agité par le vin et par l'orgueil, et regarda autour de lui. Les carottes, les choux, les oignons répandaient dans la pièce fermée leur forte senteur de légumes, leurs arômes jardiniers et rudes, auxquels se mêlaient une douce et pénétrante odeur de fraises et le parfum léger, le parfum fuyant d'une corbeille de pêches.

« Le Rosier en prit une et la mangea à pleines dents, bien qu'il eût le ventre rond comme une citrouille. Puis, tout à coup, affolé de joie, il se mit à danser ; et quelque chose sonna dans sa veste.

« Il fut surpris, enfonça ses mains en ses poches et ramena la bourse aux cinq cents francs qu'il avait oubliée dans son ivresse ! Cinq cents francs ! quelle fortune ! Il versa les louis sur le comptoir et les étala d'une lente caresse de sa main grande ouverte pour les voir tous en même temps. Il y en avait vingt-cinq, vingt-cinq pièces rondes, en or ! toutes en or ! Elles brillaient sur le bois dans l'ombre épaissie, et il les comptait et les recomptait, posant le doigt sur chacune et murmurant : « Une, deux, trois, quatre, cinq, — cent ; — six, sept, huit, neuf, dix, — deux cents » ; puis il les remit dans la bourse qu'il cacha de nouveau dans sa poche.

« Qui saura et qui pourrait dire le combat terrible livré dans l'âme du Rosier entre le mal et le bien, l'attaque tumultueuse de Satan, ses ruses, les tentations qu'il jeta en ce cœur timide et vierge ? Quelles suggestions, quelles images, quelles convoitises inventa le Malin pour émouvoir et perdre cet élu ? Il saisit son chapeau, l'élu de Mme Husson, son chapeau qui portait encore le petit bouquet de fleurs d'oranger, et, sortant par la ruelle derrière la maison, il disparut dans la nuit.

. . . .

« La fruitière Virginie, prévenue que son fils était rentré, revint presque aussitôt et trouva la maison vide. Elle attendit, sans s'étonner d'abord ; puis, au bout d'un quart d'heure, elle s'informa. Les voisins de la rue Dauphine avaient vu entrer Isidore et ne l'avaient point vu ressortir. Donc on le chercha :

on ne le découvrit point. La fruitière, inquiète, courut à la mairie : le maire ne savait rien, sinon qu'il avait laissé le Rosier devant sa porte. Mme Husson venait de se coucher quand on l'avertit que son protégé avait disparu. Elle remit aussitôt sa perruque, se leva et vint elle-même chez Virginie. Virginie, dont l'âme populaire avait l'émotion rapide, pleurait toutes ses larmes au milieu de ses choux, de ses carottes et de ses oignons.

« On craignait un accident. Lequel ? Le commandant Desbarres prévint la gendarmerie qui fit une ronde autour de la ville ; et on trouva, sur la route de Pontoise, le petit bouquet de fleurs d'oranger. Il fut placé sur une table autour de laquelle délibéraient les autorités. Le Rosier avait dû être victime d'une ruse, d'une machination, d'une jalousie ; mais comment ? Quel moyen avait-on employé pour enlever cet innocent, et dans quel but ?

« Lasses de chercher sans trouver, les autorités se couchèrent. Virginie seule veilla dans les larmes.

« Or, le lendemain soir, quand passa, à son retour, la diligence de Paris, Gisors apprit avec stupeur que son Rosier avait arrêté la voiture à deux cents mètres du pays, était monté, avait payé sa place en donnant un louis dont on lui remit la monnaie, et qu'il était descendu tranquillement dans le cœur de la grande ville.

« L'émotion devint considérable dans le pays. Des lettres furent échangées entre le maire et le chef de la police parisienne, mais n'amenèrent aucune découverte.

« Les jours suivaient les jours, la semaine s'écoula.

« Or, un matin, le docteur Barbesol, sorti de bonne heure, aperçut, assis sur le seuil d'une porte, un homme vêtu de toile grise, et qui dormait la tête contre le mur. Il s'approcha et reconnut Isidore. Voulant le réveiller, il n'y put parvenir. L'ex-Rosier dormait d'un sommeil profond, invincible, inquiétant, et le médecin, surpris, alla requérir de l'aide afin de porter le jeune homme à la pharmacie Boncheval. Lorsqu'on le souleva, une bouteille vide apparut, cachée sous lui et, l'ayant flairée, le docteur déclara qu'elle avait contenu de l'eau-de-vie. C'était un indice qui servit pour les soins à donner. Ils réussirent.

« Isidore était ivre, ivre et abruti par huit jours de soûlerie, ivre et dégoûtant à n'être pas touché par un chiffonnier. Son beau costume de coutil blanc était devenu une loque grise, jaune, graisseuse, fangeuse, déchiquetée, ignoble ; et sa personne sentait toutes sortes d'odeurs d'égout, de ruisseau et de vice.

« Il fut lavé, sermonné, enfermé, et pendant quatre jours ne sortit point. Il semblait honteux et repentant. On n'avait retrouvé sur lui ni la bourse aux cinq cents francs, ni le livret de caisse d'épargne, ni même sa montre d'argent, héritage sacré laissé par son père le fruitier.

« Le cinquième jour, il se risqua dans la rue Dauphine. Les regards curieux le suivaient et il allait le long des maisons la tête basse, les yeux fuyants. On le perdit de vue à la sortie du pays vers la vallée ; mais deux heures plus tard il reparut, ricanant et se heurtant aux murs. Il était ivre, complètement ivre.

« Rien ne le corrigea.

« Chassé par sa mère, il devint charretier et conduisit les voitures de charbon de la maison Pougrisel, qui existe encore aujourd'hui.

« Sa réputation d'ivrogne devint si grande, s'étendit si loin, qu'à Évreux même on parlait du Rosier de Mme Husson, et les pochards du pays ont conservé ce surnom.

« Un bienfait n'est jamais perdu. »

....

Le docteur Marambot se frottait les mains en terminant son histoire. Je lui demandai :

« As-tu connu le Rosier, toi ?

— Oui, j'ai eu l'honneur de lui fermer les yeux.

— De quoi est-il mort ?

— Dans une crise de *delirium tremens,* naturellement. »

Nous étions arrivés près de la vieille forteresse, amas de murailles ruinées que dominent l'énorme tour Saint-Thomas de Cantorbéry et la tour dite du Prisonnier.

Marambot me conta l'histoire de ce prisonnier qui, au moyen d'un clou, couvrit de sculptures les murs de son cachot, en suivant les mouvements du soleil à travers la fente étroite d'une meurtrière.

Puis j'appris que Clotaire II avait donné le patrimoine de Gisors à son cousin saint Romain, évêque de Rouen, que Gisors cessa d'être la capitale de tout le Vexin après le traité de Saint-Clair-sur-Epte, que la ville est le premier point stratégique de toute cette partie de la France, et qu'elle fut, par suite de cet avantage, prise et reprise un nombre infini de fois. Sur l'ordre de Guillaume le Roux, le célèbre ingénieur Robert de Bellesme y construisit une puissante forteresse attaquée plus tard par Louis le Gros, puis par les barons normands, défendue par Robert de Candos, cédée enfin à Louis le Gros par Geoffroy Plantagenet, reprise par les Anglais à la suite d'une trahison des Templiers, disputée entre Philippe Auguste et Richard Cœur de Lion, brûlée par Édouard III d'Angleterre qui ne put prendre le château, enlevée de nouveau par les Anglais en 1419, rendue plus tard à Charles VII par Richard de Marbury, prise par le duc de Calabre, occupée par la Ligue, habitée par Henri IV, etc., etc., etc.

Et Marambot, convaincu, presque éloquent, répétait :

« Quels gueux, ces Anglais !!! Et quels pochards, mon cher ; tous Rosiers, ces hypocrites-là ! »

Puis après un silence, tendant son bras vers la mince rivière qui brillait dans la prairie :

« Savais-tu qu'Henry Monnier fut un des pêcheurs les plus assidus des bords de l'Epte ?

— Non, je ne savais pas.

— Et Bouffé, mon cher, Bouffé, a été ici peintre vitrier.

— Allons donc !

— Mais oui. Comment peux-tu ignorer ces choses-là ? »

UN ÉCHEC

J'ALLAIS à Turin en traversant la Corse.

Je pris à Nice le bateau pour Bastia, et, dès que nous fûmes en mer, je remarquai, assise sur le pont, une jeune femme gentille et assez modeste, qui regardait au loin. Je me dis : « Tiens, voilà ma traversée. »

Je m'installai en face d'elle et je la regardai en me demandant tout ce qu'on doit se demander quand on aperçoit unc femme inconnue qui vous intéresse : sa condition, son âge, son caractère. Puis on devine, par ce qu'on voit, ce qu'on ne voit pas. On sonde avec l'œil et la pensée les dedans du corsage et les dessous de la robe. On note la longueur du buste quand elle est assise ; on tâche de découvrir la cheville ; on remarque la qualité de la main qui révélera la finesse de toutes les attaches, et la qualité de l'oreille qui indique l'origine mieux qu'un extrait de naissance toujours contestable. On s'efforce de l'entendre parler pour pénétrer la nature de son esprit, et les tendances de son cœur par les intonations de sa voix. Car le timbre et toutes les nuances de la parole montrent à un observateur expérimenté toute la contexture mystérieuse d'une âme, l'accord étant toujours parfait, bien que difficile à saisir, entre la pensée même et l'organe qui l'exprime.

Donc j'observais attentivement ma voisine, cherchant les signes, analysant ses gestes, attendant des révélations de toutes ses attitudes.

Elle ouvrit un petit sac et tira un journal. Je me frottai les mains : « Dis-moi qui tu lis, je te dirai ce que tu penses. »

Elle commença par l'article de tête, avec un petit air content et friand. Le titre de la feuille me sauta aux yeux : *L'Écho de Paris*. Je demeurai perplexe. Elle lisait une chronique de Scholl. Diable ! c'était une scholliste — une scholliste ? Elle se mit à sourire : une gauloise. Alors pas bégueule, bon enfant. Très bien. Une scholliste — oui, ça aime l'esprit français, la finesse et le sel, même le poivre. Bonne note. Et je pensai : voyons la contre-épreuve.

J'allai m'asseoir auprès d'elle et je me mis à lire, avec non moins d'attention, un volume de poésies que j'avais acheté au départ : *La Chanson d'amour*, par Félix Frank.

Je remarquai qu'elle avait cueilli le titre sur la couverture, d'un coup d'œil rapide, comme un oiseau cueille une mouche en volant. Plusieurs voyageurs passaient devant nous pour la regarder. Mais elle ne semblait penser qu'à sa chronique. Quand elle l'eut finie, elle posa le journal entre nous deux.

Je la saluai et je lui dis :

« Me permettez-vous, madame, de jeter un coup d'œil sur cette feuille ?

— Certainement, monsieur.

— Puis-je vous offrir, pendant ce temps, ce volume de vers ?

— Certainement, monsieur ; c'est amusant ? »

Je fus un peu troublé par cette question. On ne demande pas si un recueil de vers est amusant. Je répondis :

« C'est mieux que cela, c'est charmant, délicat et très artiste.

— Donnez alors. »

Elle prit le livre, l'ouvrit et se mit à le parcourir avec un petit air étonné prouvant qu'elle ne lisait pas souvent de vers.

Parfois, elle semblait attendrie, parfois elle souriait, mais d'un autre sourire qu'en lisant son journal.

Soudain, je lui demandai :

« Cela vous plaît-il ?

— Oui, mais j'aime ce qui est gai, moi, ce qui est très gai, je ne suis pas sentimentale. »

Et nous commençâmes à causer. J'appris qu'elle était femme d'un capitaine de dragons en garnison à Ajaccio et qu'elle allait rejoindre son mari.

En quelques minutes, je devinai qu'elle ne l'aimait guère, ce mari ! Elle l'aimait pourtant, mais avec réserve, comme on aime un homme qui n'a pas tenu grand-chose des espérances éveillées aux jours des fiançailles. Il l'avait promenée de garnison en garnison, à travers un tas de petites villes tristes, si tristes ! Maintenant, il l'appelait dans cette île qui devait être lugubre. Non, la vie n'était pas amusante pour tout le monde. Elle aurait encore préféré demeurer chez ses parents, à Lyon, car elle connaissait tout le monde à Lyon. Mais il lui fallait aller en Corse maintenant. Le ministre, vraiment, n'était pas aimable pour son mari, qui avait pourtant de très beaux états de services.

Et nous parlâmes des résidences qu'elle eût préférées.

Je demandai :

« Aimez-vous Paris ? »

Elle s'écria :

« Oh ! monsieur, si j'aime Paris ! Est-il possible de faire une pareille question ? » Et elle se mit à me parler de Paris avec une telle ardeur, un tel enthousiasme, une telle frénésie de convoitise que je pensai : « Voilà la corde dont il faut jouer. »

Elle adorait Paris, de loin, avec une rage de gourmandise rentrée, avec une passion exaspérée de provinciale, avec une impatience affolée d'oiseau en cage qui regarde un bois toute la journée, de la fenêtre où il est accroché.

Elle se mit à m'interroger, en balbutiant d'angoisse ; elle voulait tout apprendre, tout, en cinq minutes. Elle savait les noms de tous les gens connus, et de beaucoup d'autres encore dont je n'avais jamais entendu parler.

« Comment est M. Gounod ? et M. Sardou ? Oh ! monsieur, comme j'aime les pièces de M. Sardou ! Comme c'est gai, spirituel ! Chaque fois que j'en vois une, je rêve pendant huit jours ! J'ai lu aussi un livre de M. Daudet qui m'a tant plu ! *Sapho*, connaissez-vous ça ? Est-il joli garçon, M. Daudet ? L'avez-vous vu ? Et M. Zola, comment est-il ? Si vous saviez comme *Germinal* m'a fait pleurer ! Vous rappelez-vous le petit enfant qui meurt sans lumière ? Comme c'est terrible ! J'ai failli en faire une maladie. Ça n'est pas pour rire par exemple !

J'ai lu aussi un livre de M. Bourget, *Cruelle Énigme !* J'ai une cousine qui a si bien perdu la tête de ce roman-là qu'elle a écrit à M. Bourget. Moi, j'ai trouvé ça trop poétique. J'aime mieux ce qui est drôle. Connaissez-vous M. Grévin ? Et M. Coquelin ? Et M. Damala ? Et M. Rochefort ? On dit qu'il a tant d'esprit ! Et M. de Cassagnac ? Il paraît qu'il se bat tous les jours ?... »

. . . .

Au bout d'une heure environ, ses interrogations commençaient à s'épuiser ; et ayant satisfait sa curiosité de la façon la plus fantaisiste, je pus parler à mon tour.

Je lui racontai des histoires du monde, du monde parisien, du grand monde. Elle écoutait de toutes ses oreilles, de tout son cœur[1]. Oh ! certes, elle a dû prendre une jolie idée des belles dames, des illustres dames de Paris. Ce n'étaient qu'aventures galantes, que rendez-vous, que victoires rapides et défaites passionnées. Elle me demandait de temps en temps :

« Oh ! c'est comme ça, le grand monde ? »

Je souriais d'un air malin :

« Parbleu. Il n'y a que les petites bourgeoises qui mènent une vie plate et monotone par respect de la vertu, d'une vertu dont personne ne leur sait gré... »

Et je me mis à saper la vertu à grands coups d'ironie, à grands coups de philosophie, à grands coups de blague. Je me moquai, avec désinvolture, des pauvres bêtes qui se laissent vieillir sans avoir rien connu de bon, de doux, de tendre ou de galant, sans avoir jamais savouré le délicieux plaisir des baisers dérobés, profonds, ardents, et cela parce qu'elles ont épousé une bonne cruche de mari dont la réserve conjugale les laisse aller jusqu'à la mort dans l'ignorance de toute sensualité raffinée et de tout sentiment élégant.

Puis, je citai encore des anecdotes, des anecdotes de cabinets particuliers, des intrigues que j'affirmais connues de l'univers entier. Et, comme refrain, c'était toujours l'éloge discret, secret, de l'amour brusque et caché, de la sensation volée comme un fruit, en passant, et oubliée aussitôt qu'éprouvée.

La nuit venait, une nuit calme et chaude. Le grand navire, tout secoué par sa machine, glissait sur la mer, sous l'immense plafond du ciel violet, étoilé de feu.

La petite femme ne disait plus rien. Elle respirait lentement et soupirait parfois. Soudain elle se leva :

« Je vais me coucher, dit-elle, bonsoir, monsieur. »

Et elle me serra la main.

Je savais qu'elle devait prendre le lendemain soir la diligence qui va de Bastia à Ajaccio à travers les montagnes, et qui reste en route toute la nuit.

Je répondis :

« Bonsoir, madame. »

Et je gagnai, à mon tour, la couchette de ma cabine.

J'avais loué, dès le matin du lendemain, les trois places du coupé, toutes les trois pour moi tout seul.

Comme je montais dans la vieille voiture qui allait quitter Bastia, à la nuit tombante, le conducteur me demanda si je ne consentirais point à céder un coin à une dame.

Je demandai brusquement :

« A quelle dame ?

— A la dame d'un officier qui va à Ajaccio.

— Dites à cette personne que je lui offrirai volontiers une place. »

Elle arriva, ayant passé la journée à dormir, disait-elle. Elle s'excusa, me remercia et monta.

Ce coupé était une espèce de boîte hermétiquement close et ne prenant jour que par les deux portes. Nous voici donc en tête-à-tête là-dedans. La voiture allait au trot, au grand trot ; puis elle s'engagea dans la montagne. Une odeur fraîche et puissante d'herbes aromatiques entrait par les vitres baissées, cette odeur forte que la Corse répand autour d'elle, si loin que les marins la reconnaissent au large, odeur pénétrante comme la senteur d'un corps, comme une sueur de la terre verte imprégnée de parfums, que le soleil ardent a dégagés d'elle, a évaporés dans le vent qui passe.

Je me remis à parler de Paris, et elle recommença à m'écouter avec une attention fiévreuse. Mes histoires devenaient hardies, astucieusement décolletées, pleines de mots voilés et perfides, de ces mots qui allument le sang.

La nuit était tombée tout à fait. Je ne voyais plus rien, pas même la tache blanche que faisait tout à l'heure le visage de la jeune femme. Seule la lanterne du cocher éclairait les quatre chevaux qui montaient au pas.

Parfois le bruit d'un torrent roulant dans les rochers nous arrivait, mêlé au son des grelots, puis se perdait bientôt dans le lointain, derrière nous.

J'avançai doucement le pied, et je rencontrai le sien qu'elle ne retira pas. Alors je ne remuai plus, j'attendis, et soudain, changeant de note, je parlai tendresse, affection. J'avais avancé la main et je rencontrai la sienne. Elle ne la retira pas non plus. Je parlais toujours, plus près de son oreille, tout près de sa bouche. Je sentais déjà battre son cœur contre ma poitrine. Certes, il battait vite et fort — bon signe ; — alors, lentement, je posai mes lèvres dans son cou, sûr que je la tenais, tellement sûr que j'aurais parié ce qu'on aurait voulu.

Mais, soudain, elle eut une secousse comme si elle se fût réveillée, une secousse telle que j'allai heurter l'autre bout du coupé. Puis, avant que j'eusse pu comprendre, réfléchir, penser à rien, je reçus d'abord cinq ou six gifles épouvantables, puis une grêle de coups de poing qui m'arrivaient, pointus et durs, tapant partout, sans que je pusse les parer dans l'obscurité profonde qui enveloppait cette lutte.

J'étendais les mains, cherchant, mais en vain, à saisir ses bras. Puis, ne sachant plus que faire, je me retournai brusquement, ne présentant plus à son attaque furieuse que mon dos, et cachant ma tête dans l'encoignure des panneaux.

Elle parut comprendre, au son des coups peut-être, cette manœuvre de désespéré, et elle cessa brusquement de me frapper.

Au bout de quelques secondes elle regagna son coin et se mit à pleurer par grands sanglots éperdus qui durèrent une heure au moins.

Je m'étais rassis, fort inquiet et très honteux. J'aurais voulu parler, mais que lui dire ? Je ne trouvais rien ! M'excuser ? C'était stupide ! Qu'est-ce que vous auriez dit, vous ! Rien non plus, allez.

Elle larmoyait maintenant et poussait parfois de gros soupirs qui m'attendrissaient et me désolaient. J'aurais voulu la consoler, l'embrasser comme on embrasse les enfants tristes, lui demander pardon, me mettre à ses genoux. Mais je n'osais pas.

C'est fort bête, ces situations-là !

Enfin, elle se calma, et nous restâmes, chacun dans notre coin, immobiles et muets, tandis que la voiture allait toujours, s'arrêtant parfois pour relayer. Nous fermions alors bien vite les yeux, tous les deux, pour n'avoir point à nous regarder quand entrait dans le coupé le vif rayon d'une lanterne d'écurie. Puis la diligence repartait ; et toujours l'air parfumé et savoureux des montagnes corses nous caressait les joues et les lèvres, et me grisait comme du vin.

Cristi, quel bon voyage si... si ma compagne eût été moins sotte !

Mais le jour lentement se glissa dans la voiture, un jour pâle de première aurore. Je regardai ma voisine. Elle faisait semblant de dormir. Puis le soleil, levé derrière les montagnes, couvrit bientôt de clarté un golfe immense tout bleu, entouré de monts énormes aux sommets de granit. Au bord du golfe une ville blanche, encore dans l'ombre, apparaissait devant nous.

Ma voisine alors fit semblant de s'éveiller, elle ouvrit les yeux (ils étaient rouges), elle ouvrit la bouche comme pour bâiller, comme si elle avait dormi longtemps. Puis elle hésita, rougit et balbutia :

« Serons-nous bientôt arrivés ?

— Oui, madame, dans une heure à peine. »

Elle reprit en regardant au loin :

« C'est très fatigant de passer une nuit en voiture.

— Oh ! oui, cela casse les reins.

— Surtout après une traversée.

— Oh ! oui.

— C'est Ajaccio devant nous ?

— Oui, madame.

— Je voudrais bien être arrivée.

— Je comprends ça. »

Le son de sa voix était un peu troublé ; son allure un peu gênée, son œil un peu fuyant. Pourtant elle semblait avoir tout oublié.

Je l'admirais. Comme elles sont rouées d'instinct, ces mâtines-là ! Quelles diplomates !

Au bout d'une heure nous arrivions, en effet ; et un grand dragon, taillé en hercule, debout devant le bureau, agita un mouchoir en apercevant la voiture.

Ma voisine sauta dans ses bras avec élan et l'embrassa vingt fois au moins, en répétant :

« Tu vas bien ? Comme j'avais hâte de te revoir ! »

Ma malle était descendue de l'impériale et je me retirais discrètement quand elle me cria :

« Oh ! monsieur, vous vous en allez sans me dire adieu. »

Je balbutiai :

« Madame, je vous laissais à votre joie. »

Alors elle dit à son mari :

« Remercie monsieur, mon chéri ; il a été charmant pour moi pendant tout le voyage. Il m'a même offert une place dans le coupé qu'il avait pris pour lui tout seul. On est heureux de rencontrer des compagnons aussi aimables. »

Le mari me serra la main en me remerciant avec conviction.

La jeune femme souriait en nous regardant... Moi je devais avoir l'air fort bête !

ENRAGÉE ?

Ma chère Geneviève, tu me demandes de te raconter mon voyage de noces. Comment veux-tu que j'ose ? Ah ! sournoise, qui ne m'avais rien dit, qui ne m'avais même rien laissé deviner, mais là, rien de rien !... Comment, tu es mariée depuis dix-huit mois, oui, depuis dix-huit mois, toi qui te dis ma meilleure amie, toi qui ne me cachais rien, autrefois, et tu n'as pas eu la charité de me prévenir ? Si tu m'avais seulement donné l'éveil, si tu m'avais mise en garde, si tu avais laissé entrer un simple soupçon dans mon âme, un tout petit, tu m'aurais empêchée de faire une grosse bêtise dont je rougis encore, dont mon mari rira jusqu'à sa mort, et dont tu es seule coupable !

Je me suis rendue affreusement ridicule à tout jamais ; j'ai commis une de ces erreurs dont le souvenir ne s'efface pas, par ta faute, par ta faute, méchante !... Oh ! si j'avais su !

Tiens, je prends du courage en écrivant et je me décide à tout dire. Mais promets-moi de ne pas trop rire.

Ne t'attends pas à une comédie. C'est un drame.

Tu te rappelles mon mariage. Je devais partir le soir même pour mon voyage de noces. Certes, je ne ressemblais guère à la Paulette, dont Gyp nous a si drôlement conté l'histoire dans un spirituel roman : *Autour du mariage*. Et si ma mère m'avait dit, comme Mme d'Hautretan à sa fille : « Ton mari te prendra dans ses bras... et... », je n'aurais certes pas répondu comme Paulette en éclatant de rire : « Ne va pas plus loin, maman... je sais tout ça aussi bien que toi, va... »

Moi je ne savais rien du tout, et maman, ma pauvre maman que tout effraie, n'a pas osé effleurer ce sujet délicat.

Donc, à cinq heures du soir, après la collation, on nous a prévenus que la voiture nous attendait. Les invités étaient partis, j'étais prête. Je me rappelle encore le bruit des malles dans l'escalier et la voix de nez de papa, qui ne voulait pas avoir l'air de pleurer. En m'embrassant, le pauvre homme m'a dit : « Bon courage ! » comme si j'allais me faire arracher une dent. Quant à maman, c'était une fontaine. Mon mari me pressait pour éviter ces adieux difficiles, j'étais moi-même tout en larmes, quoique bien heureuse. Cela ne s'explique guère, et pourtant c'est vrai. Tout à coup, je sentis quelque chose qui tirait ma robe. C'était Bijou, tout à fait oublié depuis le matin. La pauvre bête me disait adieu à sa manière. Cela me donna comme un petit coup dans le cœur, et un grand désir d'embrasser mon chien. Je le saisis (tu sais qu'il est gros comme le poing), et me mis à le dévorer de baisers. Moi, j'adore caresser les bêtes. Cela me fait un plaisir doux, ça me donne des sortes de frissons, c'est délicieux.

Quant à lui, il était fou, il remuait ses pattes, il

me léchait, il mordillait comme il fait quand il est très content. Tout à coup, il me prit le nez dans ses crocs et je sentis qu'il me faisait mal. Je poussai un petit cri et je reposai le chien par terre. Il m'avait vraiment mordue en voulant jouer. Je saignais. Tout le monde fut désolé. On apporta de l'eau, du vinaigre, des linges, et mon mari voulut lui-même me soigner. Ce n'était rien d'ailleurs, deux petits trous qu'on eût dit faits avec des aiguilles. Au bout de cinq minutes le sang était arrêté et je partis.

Il était décidé que nous ferions un voyage en Normandie, de six semaines environ.

Le soir, nous arrivions à Dieppe. Quand je dis « le soir », j'entends à minuit.

Tu sais comme j'aime la mer. Je déclarai à mon mari que je ne me coucherais pas avant de l'avoir vue. Il parut très contrarié. Je lui demandai en riant :

« Est-ce que vous avez sommeil ? »

Il répondit :

« Non, mon amie ; mais vous devriez comprendre que j'ai hâte de me trouver seul avec vous. »

Je fus surprise :

« Seul avec moi ? Mais nous sommes seuls depuis Paris dans le wagon. »

Il sourit :

« Oui... mais... dans le wagon, ce n'est pas la même chose que si nous étions dans notre chambre. »

Je ne cédai pas :

« Eh bien, monsieur, nous sommes seuls sur la plage, et voilà tout. »

Décidément cela ne lui plaisait pas. Il dit pourtant :

« Soit, puisque vous le désirez. »

La nuit était magnifique, une de ces nuits qui vous font passer dans l'âme des idées grandes et vagues, plutôt des sensations que des pensées, avec des envies d'ouvrir les bras, d'ouvrir les ailes, d'embrasser le ciel, que sais-je ? On croit toujours qu'on va comprendre des choses inconnues.

Il y a dans l'air du Rêve, de la Poésie pénétrante, du bonheur d'autre part que de la terre, une sorte d'ivresse infinie qui vient des étoiles, de la lune, de l'eau argentée et remuante. Ce sont là les meilleurs instants qu'on ait dans la vie. Ils font voir l'existence différente, embellie, délicieuse ; ils sont comme la révélation de ce qui pourrait être ou de ce qui sera.

Cependant mon mari paraissait impatient de rentrer. Je lui disais : « As-tu froid ? — Non. — Alors regarde donc ce petit bateau là-bas, qui semble endormi sur l'eau. Peut-on être mieux qu'ici ? J'y resterais volontiers jusqu'au jour. Dis, veux-tu que nous attendions l'aurore ? »

Il crut que je me moquais de lui, et il m'entraîna presque de force jusqu'à l'hôtel ! Si j'avais su ! Oh ! le misérable !

Quand nous fûmes seuls, je me sentis honteuse, gênée, sans savoir pourquoi, je te le jure. Enfin je le fis passer dans le cabinet de toilette et je me couchai.

Oh ! ma chère, comment dire ça ? Enfin voici. Il prit sans doute mon extrême innocence pour de la malice, mon extrême simplicité pour de la rouerie, mon abandon confiant et niais pour une tactique, et il ne garda point les délicats ménagements qu'il faut pour expliquer, faire comprendre et accepter de pareils mystères à une âme sans défiance et nullement préparée.

Et tout à coup, je crus qu'il avait perdu la tête. Puis, la peur m'envahissant, je me demandai s'il me voulait tuer. Quand la terreur vous saisit, on ne raisonne pas, on ne pense plus, on devient fou. En une seconde je m'imaginai des choses effroyables. Je pensai aux faits divers des journaux, aux crimes mystérieux, à toutes les histoires chuchotées de jeunes filles épousées par des misérables ! Est-ce que je le connaissais, cet homme ? Je me débattais, le repoussant, éperdue d'épouvante. Je lui arrachai même une poignée de cheveux et un côté de la moustache, et, délivrée par cet effort, je me levai en hurlant « au secours ! » Je courus à la porte, je tirai les verrous et je m'élançai, presque nue, dans l'escalier.

D'autres portes s'ouvrirent. Des hommes en chemise apparurent avec des lumières à la main. Je tombai dans les bras de l'un d'eux en implorant sa protection. Il se jeta sur mon mari.

Je ne sais plus le reste. On se battait, on criait ; puis on a ri, mais ri comme tu ne peux pas croire. Toute la maison riait, de la cave au grenier. J'entendais dans les corridors de grandes fusées de gaieté, d'autres dans les chambres au-dessus. Les marmitons riaient sous les toits, et le garçon de garde se tordait sur son matelas, dans le vestibule !

Songe donc : dans un hôtel !

Je me retrouvai ensuite seule avec mon mari, qui me donna quelques explications sommaires comme on explique une expérience de chimie avant de la tenter. Il n'était pas du tout content. Je pleurai jusqu'au jour, et nous sommes partis dès l'ouverture des portes.

Ce n'est pas tout.

Le lendemain nous arrivions à Pourville, qui n'est encore qu'un embryon de station de bains. Mon mari m'accablait de petits soins, de tendresses. Après un premier mécontentement il paraissait enchanté. Honteuse et désolée de mon aventure de la veille, je fus aussi aimable qu'on peut l'être, et docile. Mais tu ne te figures pas l'horreur, le dégoût, presque la haine qu'Henry m'inspira lorsque je sus cet infâme secret qu'on cache si soigneusement aux jeunes filles. Je me sentais désespérée, triste à mourir, revenue de tout et harcelée du besoin de retourner auprès de mes pauvres parents. Le surlendemain nous arrivions à Étretat. Tous les baigneurs étaient en émoi : une jeune femme mordue par un petit chien, venait de mourir enragée. Un grand frisson me courut dans le dos quand j'entendis raconter cela à table d'hôte. Il me sembla tout de suite que je souffrais dans le nez et je sentis des choses singulières tout le long des membres.

Je ne dormis pas de la nuit ; j'avais complètement oublié mon mari. Si j'allais aussi mourir enragée ! Je demandai des détails le lendemain au maître d'hôtel. Il m'en donna d'affreux. Je passai le jour à me promener sur la falaise. Je ne parlais plus, je songeais. La rage ! quelle mort horrible ! Henry me demandait : « Qu'as-tu ? Tu sembles triste. » Je répondais : « Mais rien, mais rien. » Mon regard égaré se fixait sur la mer sans la voir, sur les fermes, sur les plaines, sans que j'eusse pu dire ce que j'avais sous les yeux. Pour rien au monde je n'aurais voulu avouer la pensée qui me torturait.

Quelques douleurs, de vraies douleurs me passèrent dans le nez. Je voulus rentrer.

A peine revenue à l'hôtel, je m'enfermai pour regarder la plaie. On ne la voyait plus. Et pourtant, je n'en pouvais douter, elle me faisait mal.

J'écrivis tout de suite à ma mère une courte lettre qui dut lui paraître étrange. Je demandais une réponse immédiate à des questions insignifiantes. J'écrivis, après avoir signé : « Surtout n'oublie pas de me donner des nouvelles de Bijou. »

Le lendemain je ne pus manger, mais je refusai de voir un médecin. Je demeurai assise toute la journée sur la plage à regarder les baigneurs dans l'eau. Ils arrivaient gros ou minces, tous laids dans leurs affreux costumes ; mais je ne songeais guère à rire. Je pensais : « Sont-ils heureux, ces gens ! ils n'ont pas été mordus. Ils vivront, eux ! ils ne craignent rien. Ils peuvent s'amuser à leur gré. Sont-ils tranquilles ! »

A tout instant je portais la main à mon nez pour le tâter. N'enflait-il pas ? Et à peine rentrée à l'hôtel, je m'enfermais pour le regarder dans la glace. Oh ! s'il avait changé de couleur, je serais morte sur le coup.

Le soir, je me sentis tout à coup une sorte de tendresse pour mon mari, une tendresse de désespérée. Il me parut bon, je m'appuyai sur son bras. Vingt fois je faillis lui dire mon abominable secret, mais je me tus.

Il abusa odieusement de mon abandon et de l'affaissement de mon âme. Je n'eus pas la force de lui résister, ni même la volonté. J'aurais tout supporté, tout souffert ! Le lendemain, je reçus une lettre de ma mère. Elle répondait à mes questions, mais ne me parlait pas de Bijou. Je pensai sur-le-champ : « Il est mort et on me le cache. » Puis je voulus courir au télégraphe pour envoyer une dépêche. Une réflexion m'arrêta : « S'il est vraiment mort, on ne me le dira pas. » Je me résignai donc encore à deux jours d'angoisses. Et j'écrivis de nouveau. Je demandais qu'on m'envoyât le chien qui me distrairait, car je m'ennuyais un peu.

Des tremblements me prirent dans l'après-midi. Je ne pouvais lever un verre plein sans en répandre la moitié. L'état de mon âme était lamentable. J'échappai à mon mari vers le crépuscule et je courus à l'église. Je priai longtemps.

En revenant, je sentis de nouvelles douleurs dans le nez et j'entrai chez le pharmacien dont la boutique était éclairée. Je lui parlai d'une de mes amies qui aurait été mordue, et je lui demandai des conseils. C'était un aimable homme, plein d'obligeance. Il me renseigna abondamment. Mais j'oubliais les choses à mesure qu'il me les disait, tant j'avais l'esprit troublé. Je ne retins que ceci : « Les purgations étaient souvent recommandées. » J'achetai plusieurs bouteilles de je ne sais quoi, sous prétexte de les envoyer à mon amie.

Les chiens que je rencontrais me faisaient horreur et me donnaient envie de fuir à toutes jambes. Il me sembla plusieurs fois que j'avais aussi envie de les mordre.

Ma nuit fut horriblement agitée. Mon mari en profita. Dès le lendemain, je reçus la réponse de ma mère. « Bijou, disait-elle, se portait fort bien. Mais on l'exposerait trop en l'expédiant ainsi tout seul par le chemin de fer. » Donc on ne voulait pas me l'envoyer. Il était mort !

Je ne pus encore dormir. Quant à Henry, il ronfla. Il se réveilla plusieurs fois. J'étais anéantie.

Le lendemain, je pris un bain de mer. Je faillis me trouver mal en entrant dans l'eau, tant je fus saisie par le froid. Je demeurai plus ébranlée encore par cette sensation de glace. J'avais dans les jambes des tressaillements affreux ; mais je ne souffrais plus du tout du nez.

On me présenta, par hasard, le médecin inspecteur des bains, un charmant homme. Je mis une habileté extrême à l'amener sur mon sujet. Je lui dis alors que mon jeune chien m'avait mordue quelques jours auparavant et je lui demandai ce qu'il faudrait faire s'il survenait quelque inflammation. Il se mit à rire et répondit : « Dans votre situation, je ne verrais qu'un moyen, madame, ce serait de vous faire un nouveau nez. »

Et comme je ne comprenais pas, il ajouta :

« Cela d'ailleurs regarde votre mari. »

Je n'étais pas plus avancée ni mieux renseignée en le quittant.

Henry, ce soir-là, semblait très gai, très heureux. Nous vînmes le soir au Casino, mais il n'attendit pas la fin du spectacle pour me proposer de rentrer. Rien n'avait plus d'intérêt pour moi, je le suivis.

Mais je ne pouvais tenir au lit, tous mes nerfs étaient ébranlés et vibrants. Lui, non plus, ne dormait pas. Il m'embrassait, me caressait, devenu doux et tendre comme s'il eût deviné enfin combien je souffrais. Je subissais ses caresses sans même les comprendre, sans y songer.

Mais tout à coup une crise subite, extraordinaire, foudroyante me saisit. Je poussai un cri effroyable, et repoussant mon mari qui s'attachait à moi, je m'élançai dans la chambre et j'allai m'abattre sur la face, contre la porte. C'était la rage, l'horrible rage. J'étais perdue.

Henry me releva, effaré, voulut savoir. Mais je me tus. J'étais résignée maintenant. J'attendais la mort. Je savais qu'après quelques heures de répit, une autre crise me saisirait, puis une autre, jusqu'à la dernière qui serait mortelle.

Je me laissai reporter dans le lit. Au point du jour, les irritantes obsessions de mon mari déterminèrent un nouvel accès, qui fut plus long que le premier. J'avais envie de déchirer, de mordre, de hurler ; c'était terrible, et cependant moins douloureux que je n'aurais cru.

Vers huit heures du matin, je m'endormis pour la première fois depuis quatre nuits.

A onze heures, une voix aimée me réveilla. C'était maman que mes lettres avaient effrayée, et qui accourait pour me voir. Elle tenait à la main un grand panier d'où sortirent soudain des aboiements. Je le saisis, éperdue, folle d'espoir. Je l'ouvris, et Bijou sauta sur le lit, m'embrassant, gambadant, se roulant sur mon oreiller, pris d'une frénésie de joie.

Eh bien, ma chérie, tu me croiras si tu veux... Je n'ai encore compris que le lendemain !

Oh ! l'imagination ! comme ça travaille ! Et penser que j'ai cru ?... Dis, n'est-ce pas trop bête ?...

Je n'ai jamais avoué à personne, tu le comprendras, n'est-ce pas, les tortures de ces quatre jours. Songe, si mon mari l'avait su ? Il se moque déjà assez de moi avec mon aventure de Pourville. Du reste, je ne me fâche pas trop de ses plaisanteries. J'y suis faite. On s'accoutume à tout dans la vie...

LE MODÈLE

ARRONDIE en croissant de lune, la petite ville d'Étretat, avec ses falaises blanches, son galet blanc et sa mer bleue, reposait sous le soleil d'un grand jour de juillet. Aux deux pointes de ce croissant, les deux portes, la petite à droite, la grande à gauche, avançaient dans l'eau tranquille, l'une son pied de naine, l'autre sa jambe de colosse ; et l'aiguille, presque aussi haute que la falaise, large d'en bas, fine au sommet, pointait vers le ciel sa tête aiguë.

Sur la plage, le long du flot, une foule assise regardait les baigneurs. Sur la terrasse du Casino, une autre foule, assise ou marchant, étalait sous le ciel plein de lumière un jardin de toilettes où éclataient des ombrelles rouges et bleues, avec de grandes fleurs brodées en soie dessus.

Sur la promenade, au bout de la terrasse, d'autres gens, les calmes, les tranquilles, allaient d'un pas lent, loin de la cohue élégante.

Un jeune homme, connu, célèbre, un peintre, Jean Summer, marchait d'un air morne à côté d'une petite voiture de malade où reposait une jeune femme, sa femme. Un domestique poussait doucement cette sorte de fauteuil roulant, et l'estropiée contemplait d'un œil triste la joie du ciel, la joie du jour, et la joie des autres.

Ils ne parlaient point. Ils ne se regardaient pas.

« Arrêtons-nous un peu », dit la femme.

Ils s'arrêtèrent, et le peintre s'assit sur un pliant, que lui présenta le valet.

Ceux qui passaient derrière le couple immobile et muet le regardaient d'un air attristé. Toute une légende de dévouement courait. Il l'avait épousée malgré son infirmité, touché par son amour, disait-on.

Non loin de là, deux jeunes hommes causaient, assis sur un cabestan, et le regard perdu vers l'horizon.

« Non, ce n'est pas vrai ; je te dis que je connais beaucoup Jean Summer.

— Mais alors, pourquoi l'a-t-il épousée ? Car elle était déjà infirme, lors de son mariage, n'est-ce pas ?

— Parfaitement. Il l'a épousée... il l'a épousée... comme on épouse, parbleu, par sottise !

— Mais encore ?...

— Mais encore... mais encore, mon ami. Il n'y a pas d'encore. On est bête, parce qu'on est bête. Et puis, tu sais bien que les peintres ont la spécialité des mariages ridicules ; ils épousent presque tous des modèles, des vieilles maîtresses, enfin des femmes avariées sous tous les rapports. Pourquoi cela ? Le sait-on ? Il semblerait, au contraire, que la fréquentation constante de cette race de dindes qu'on nomme les modèles aurait dû les dégoûter à tout jamais de ce genre de femelles. Pas du tout. Après les avoir fait poser, ils les épousent. Lis donc ce petit livre, si vrai, si cruel et si beau, d'Alphonse Daudet : *Les Femmes d'artistes.*

« Pour le couple que tu vois là, l'accident s'est produit d'une façon spéciale et terrible. La petite femme a joué une comédie ou plutôt un drame effrayant. Elle a risqué le tout pour le tout, enfin. Était-elle sincère ? Aimait-elle Jean ? Sait-on jamais cela ? Qui donc pourra déterminer d'une façon précise ce qu'il y a d'âpreté et ce qu'il y a de réel dans les actes des femmes ? Elles sont toujours sincères dans une éternelle mobilité d'impressions. Elles sont emportées, criminelles, dévouées, admirables, et ignobles, pour obéir à d'insaisissables émotions. Elles mentent sans cesse, sans le vouloir, sans le savoir, sans comprendre, et elles ont, avec cela, malgré cela, une franchise absolue de sensations et de sentiments qu'elles témoignent par des résolutions violentes, inattendues, incompréhensibles, folles, qui déroutent nos raisonnements, nos habitudes de pondération et toutes nos combinaisons égoïstes. L'imprévu et la brusquerie de leurs déterminations font qu'elles demeurent pour nous d'indéchiffrables énigmes. Nous nous demandons toujours : « Sont-elles sincères ? Sont-elles fausses ? »

« Mais, mon ami, elles sont en même temps sincères et fausses, parce qu'il est dans leur nature d'être les deux à l'extrême et de n'être ni l'un ni l'autre.

« Regarde les moyens qu'emploient les plus honnêtes pour obtenir de nous ce qu'elles veulent. Ils sont compliqués et simples, ces moyens. Si compliqués que nous ne les devinons jamais à l'avance, si simples qu'après en avoir été les victimes, nous ne pouvons nous empêcher de nous en étonner et de nous dire : « Comment ! elle m'a joué si bêtement « que ça ? »

« Et elles réussissent toujours, mon bon, surtout quand il s'agit de se faire épouser.

« Mais voici l'histoire de Summer.

« La petite femme est un modèle, bien entendu. Elle posait chez lui. Elle était jolie, élégante, surtout, et possédait, paraît-il, une taille divine. Il devint amoureux d'elle, comme on devient amoureux de toute femme un peu séduisante qu'on voit souvent. Il s'imagina qu'il l'aimait de toute son âme. C'est là un singulier phénomène. Aussitôt qu'on désire une femme, on croit sincèrement qu'on ne pourra plus se passer d'elle pendant tout le reste de sa vie. On sait fort bien que la chose vous est déjà arrivée ; que le dégoût a toujours suivi la possession ; qu'il faut, pour pouvoir user son existence à côté d'un autre être, non pas un brutal appétit physique, bien vite éteint, mais une accordance d'âme, de tempérament et d'humeur. Il faut savoir démêler, dans la séduction qu'on subit, si elle vient de la forme corporelle, d'une certaine ivresse sensuelle ou d'un charme profond de l'esprit.

« Enfin, il crut qu'il l'aimait ; il lui fit un tas de promesses de fidélité et il vécut complètement avec elle.

« Elle était vraiment gentille, douée de cette niaiserie élégante qu'ont facilement les petites Parisiennes. Elle jacassait, elle babillait, elle disait des bêtises qui semblaient spirituelles par la manière drôle dont elles étaient débitées. Elle avait à tout moment des gestes gracieux bien faits pour séduire un œil de peintre. Quand elle levait les bras, quand elle se penchait, quand elle montait en voiture, quand elle vous tendait la main, ses mouvements étaient parfaits de justesse et d'à-propos.

« Pendant trois mois, Jean ne s'aperçut point qu'au fond elle ressemblait à tous les modèles.

« Ils louèrent pour l'été une petite maison à Andrésy.

« J'étais là, un soir, quand germèrent les premières inquiétudes dans l'esprit de mon ami.

« Comme il faisait une nuit radieuse, nous voulûmes faire un tour au bord de la rivière. La lune versait dans l'eau frissonnante une pluie de lumière, émiettait ses reflets jaunes dans les remous, dans le courant, dans tout le large fleuve lent et fuyant.

« Nous allions le long de la rive, un peu grisés par cette vague exaltation que jettent en nous ces soirs de rêve. Nous aurions voulu accomplir des choses surhumaines, aimer des êtres inconnus, délicieusement poétiques. Nous sentions frémir en nous des extases, des désirs, des aspirations étranges. Et nous nous taisions, pénétrés par la sereine et vivante fraîcheur de la nuit charmante, par cette fraîcheur de la lune qui semble traverser le corps, le pénétrer, baigner l'esprit, le parfumer et le tremper de bonheur.

« Tout à coup Joséphine (elle s'appelle Joséphine) poussa un cri :

« — Oh ! as-tu vu le gros poisson qui a sauté là-
« bas ? »

« Il répondit sans regarder, sans savoir :

« — Oui, ma chérie. »

« Elle se fâcha.

« — Non, tu ne l'as pas vu, puisque tu avais le « dos tourné. »

« Il sourit :

« — Oui, c'est vrai. Il fait si bon que je ne pense « à rien. »

« Elle se tut ; mais, au bout d'une minute, un besoin de parler la saisit, et elle demanda :

« — Iras-tu demain à Paris ? »

« Il prononça :

« — Je n'en sais rien. »

« Elle s'irritait de nouveau :

« — Si tu crois que c'est amusant, ta promenade « sans rien dire ! On parle, quand on n'est pas « bête. »

« Il ne répondit pas. Alors, sentant bien, grâce à son instinct pervers de femme, qu'elle allait l'exaspérer, elle se mit à chanter cet air irritant dont on nous a tant fatigué les oreilles et l'esprit depuis deux ans.

Je regardais en l'air.

« Il murmura :

« — Je t'en prie, tais-toi. »

« Elle prononça, furieuse :

« — Pourquoi veux-tu que je me taise ? »

« Il répondit :

« — Tu nous gâtes le paysage. »

« Alors la scène arriva, la scène odieuse, imbécile, avec les reproches inattendus, les récriminations intempestives, puis les larmes. Tout y passa. Ils rentrèrent. Il l'avait laissée aller, sans répliquer, engourdi par cette soirée divine, et atterré par cet orage de sottises.

« Trois mois plus tard, il se débattait éperdument dans ces liens invincibles et invisibles, dont une habitude pareille enlace notre vie. Elle le tenait, l'opprimait, le martyrisait. Ils se querellaient du matin au soir, s'injuriaient et se battaient.

« A la fin, il voulut en finir, rompre à tout prix. Il vendit toutes ses toiles, emprunta de l'argent aux amis, réalisa vingt mille francs (il était encore peu connu) et il les laissa un matin sur la cheminée avec une lettre d'adieu.

« Il vint se réfugier chez moi.

« Vers trois heures de l'après-midi, on sonna. J'allai ouvrir. Une femme me sauta au visage, me bouscula, entra et pénétra dans mon atelier : c'était elle.

« Il s'était levé en la voyant paraître.

« Elle lui jeta aux pieds l'enveloppe contenant les billets de banque, avec un geste vraiment noble, et, d'une voix brève :

« — Voici votre argent. Je n'en veux pas. »

« Elle était fort pâle, tremblante, prête assurément à toutes les folies. Quant à lui, je le voyais pâlir aussi, pâlir de colère et d'exaspération, prêt, peut-être, à toutes les violences.

« Il demanda :

« — Qu'est-ce que vous voulez ? »

« Elle répondit :

« — Je ne veux pas être traitée comme une fille.
« Vous m'avez implorée, vous m'avez prise. Je ne
« vous demandais rien. Gardez-moi ! »

« Il frappa du pied :

« — Non, c'est trop fort ! Si tu crois que tu
« vas... »

« Je lui avais saisi le bras.

« — Tais-toi, Jean. Laisse-moi faire. »

« J'allai vers elle, et doucement, peu à peu, je lui parlai raison, je vidai le sac des arguments qu'on emploie en pareille circonstance. Elle m'écoutait immobile, l'œil fixe, obstinée et muette.

« A la fin, ne sachant plus que dire, et voyant que la scène allait mal finir, je m'avisai d'un dernier moyen. Je prononçai :

« — Il t'aime toujours, ma petite ; mais sa famille « veut le marier, et tu comprends !... »

« Elle eut un sursaut :

« — Ah !... ah !... je comprends alors... »

« Et, se tournant vers lui :

« — Tu vas... tu vas... te marier ? »

« Il répondit carrément :

« — Oui. »

« Elle fit un pas :

« — Si tu te maries, je me tue... tu entends. »

« Il prononça en haussant les épaules :

« — Eh bien... tue-toi ! »

« Elle articula deux ou trois fois, la gorge serrée par une angoisse effroyable :

« — Tu dis ?... tu dis ?... tu dis ?... répète ! »

« Il répéta :

« — Eh bien, tue-toi, si cela te fait plaisir ! »

« Elle reprit, toujours effrayante de pâleur :

« — Il ne faudrait pas m'en défier. Je me jetterais « par la fenêtre. »

« Il se mit à rire, s'avança vers la fenêtre, l'ouvrit, et, saluant comme une personne qui fait des cérémonies pour ne point passer la première :

« — Voici la route. Après vous ! »

« Elle le regarda une seconde d'un œil fixe, terrible, affolé ; puis, prenant son élan comme pour sauter une haie dans les champs, elle passa devant moi, devant lui, franchit la balustrade et disparut.

« Je n'oublierai jamais l'effet que me fit cette fenêtre ouverte, après l'avoir vu traverser par ce corps qui tombait ; elle me parut en une seconde grande comme le ciel et vide comme l'espace. Et je reculai instinctivement, n'osant pas regarder, comme si j'allais tomber moi-même.

« Jean, éperdu, ne faisait pas un geste.

« On rapporta la pauvre fille avec les deux jambes brisées. Elle ne marchera plus jamais.

« Son amant, fou de remords et peut-être aussi touché de reconnaissance, l'a reprise et épousée.

« Voilà, mon cher. »

Le soir venait. La jeune femme, ayant froid, voulut partir ; et le domestique se remit à rouler vers le village la petite voiture d'invalide. Le peintre marchait à côté de sa femme, sans qu'ils eussent échangé un mot, depuis une heure.

LA BARONNE

« Tu pourras voir là des bibelots intéressants, me dit mon ami Boisrené, viens avec moi. »

Il m'emmena donc au premier étage d'une belle maison, dans une grande rue de Paris. Nous fûmes reçus par un homme fort bien, de manières parfaites, qui nous promena de pièce en pièce en nous montrant des objets rares dont il disait le prix avec négligence. Les grosses sommes, dix, vingt, trente, cinquante mille francs, sortaient de ses lèvres avec tant de grâce et de facilité qu'on ne pouvait douter que des millions ne fussent enfermés dans le coffre-fort de ce marchand homme du monde.

Je le connaissais de renom depuis longtemps. Fort adroit, fort souple, fort intelligent, il servait d'intermédiaire pour toutes sortes de transactions. En relation avec tous les amateurs les plus riches de Paris, et même de l'Europe et de l'Amérique, sachant leurs goûts, leurs préférences du moment, il les prévenait par un mot ou par une dépêche, s'ils habitaient une ville lointaine, dès qu'il connaissait un objet à vendre pouvant leur convenir.

Des hommes de la meilleure société avaient eu recours à lui aux heures d'embarras, soit pour trouver de l'argent de jeu, soit pour payer une dette, soit pour vendre un tableau, un bijou de famille, une tapisserie, voire même un cheval ou une propriété dans les jours de crise aiguë.

On prétendait qu'il ne refusait jamais ses services quand il prévoyait un espoir de gain.

Boisrené semblait intime avec ce curieux marchand. Ils avaient dû traiter ensemble plus d'une affaire. Moi je regardais l'homme avec beaucoup d'intérêt.

Il était grand, mince, chauve, fort élégant. Sa voix douce, insinuante, avait un charme particulier, un charme tentateur qui donnait aux choses une valeur spéciale. Quand il tenait un bibelot en ses doigts, il le tournait, le retournait, le regardait avec tant d'adresse, de souplesse, d'élégance et de sympathie que l'objet paraissait aussitôt embelli, transformé par son toucher et par son regard. Et on l'estimait immédiatement beaucoup plus cher qu'avant d'avoir passé de la vitrine entre ses mains.

« Et votre Christ, dit Boisrené, ce beau Christ de la Renaissance que vous m'avez montré l'an dernier ? »

L'homme sourit et répondit :

« Il est vendu, et d'une façon fort bizarre. En voici une histoire parisienne, par exemple. Voulez-vous que je vous la dise ?

— Mais oui.

— Vous connaissez la baronne Samoris ?

— Oui et non. Je l'ai vue une fois, mais je sais ce que c'est !

— Vous le savez... tout à fait ?

— Oui.

— Voulez-vous me le dire, afin que je voie si vous ne vous trompez point ?

— Très volontiers. Mme Samoris est une femme du monde qui a une fille sans qu'on ait jamais connu son mari. En tout cas, si elle n'a pas eu de mari, elle a des amants d'une façon discrète, car on la reçoit dans une certaine société tolérante ou aveugle.

« Elle fréquente l'église, reçoit les sacrements avec recueillement, de façon à ce qu'on le sache, et ne se compromet jamais. Elle espère que sa fille fera un beau mariage. Est-ce cela ?

— Oui, mais je complète vos renseignements : c'est une femme entretenue qui se fait respecter de ses amants plus que si elle ne couchait pas avec eux. C'est là un rare mérite ; car, de cette façon, on obtient ce qu'on veut d'un homme. Celui qu'elle a choisi, sans qu'il s'en doute, lui fait la cour longtemps, la désire avec crainte, la sollicite avec pudeur, l'obtient avec étonnement et la possède avec considération. Il ne s'aperçoit point qu'il la paie, tant elle s'y prend avec tact ; et elle maintient leurs relations sur un tel ton de réserve, de dignité, de comme il faut, qu'en sortant de son lit il souffletterait l'homme capable de suspecter la vertu de sa maîtresse. Et cela de la meilleure foi du monde.

« J'ai rendu à cette femme, à plusieurs reprises, quelques services. Et elle n'a point de secrets pour moi.

« Or, dans les premiers jours de janvier, elle est venue me trouver pour m'emprunter trente mille francs. Je ne les lui ai point prêtés, bien entendu ; mais comme je désirais l'obliger, je l'ai priée de m'exposer très complètement sa situation afin de voir ce que je pourrais faire pour elle.

« Elle me dit les choses avec de telles précautions de langage qu'elle ne m'aurait pas conté plus délicatement la première communion de sa fillette. Je compris enfin que les temps étaient durs et qu'elle se trouvait sans un sou.

« La crise commerciale, les inquiétudes politiques que le gouvernement actuel semble entretenir à plaisir, les bruits de guerre, la gêne générale avaient rendu l'argent hésitant, même entre les mains des amoureux. Et puis elle ne pouvait, cette honnête femme, se donner au premier venu.

« Il lui fallait un homme du monde, du meilleur monde, qui consolidât sa réputation tout en fournissant aux besoins quotidiens. Un viveur, même très riche, l'eût compromise à tout jamais et rendu problématique le mariage de sa fille. Elle ne pouvait non plus songer aux agences galantes, aux intermédiaires déshonorants qui auraient pu, pour quelque temps, la tirer d'embarras.

« Or elle devait soutenir son train de maison, continuer à recevoir à portes ouvertes pour ne point perdre l'espérance de trouver, dans le nombre des visiteurs, l'ami discret et distingué qu'elle attendait, qu'elle choisirait.

« Moi, je lui fis observer que mes trente mille francs avaient peu de chance de me revenir ; car, lorsqu'elle les aurait mangés, il faudrait qu'elle en obtînt, d'un seul coup, au moins soixante mille pour m'en rendre la moitié.

« Elle semblait désolée en m'écoutant. Et je ne savais qu'inventer quand une idée, une idée vraiment géniale, me traversa l'esprit.

« Je venais d'acheter ce Christ de la Renaissance que je vous ai montré, une admirable pièce, la plus belle, dans ce style, que j'aie jamais vue.

« — Ma chère amie, lui dis-je, je vais faire porter « chez vous cet ivoire-là. Vous inventerez une his- « toire ingénieuse, touchante, poétique, ce que vous « voudrez, pour expliquer votre désir de vous en « défaire. C'est, bien entendu, un souvenir de « famille hérité de votre père.

« Moi, je vous enverrai des amateurs, et je vous « en amènerai moi-même. Le reste vous regarde. Je « vous ferai connaître leur situation par un mot, la « veille. Ce Christ-là vaut cinquante mille francs ; « mais je le laisserais à trente mille. La différence « sera pour vous. »

« Elle réfléchit quelques instants d'un air profond et répondit : « Oui, c'est peut-être une bonne idée. « Je vous remercie beaucoup. »

Le lendemain, j'avais fait porter mon Christ chez elle, et le soir même je lui envoyais le baron de Saint-Hospital.

« Pendant trois mois, je lui adressai des clients, tout ce que j'ai de mieux, de plus posé dans mes relations d'affaires. Mais je n'entendais plus parler d'elle.

« Or, ayant reçu la visite d'un étranger qui parlait fort mal le français, je me décidai à le présenter moi-même chez la Samoris, pour voir.

« Un valet de pied tout en noir nous reçut et nous fit entrer dans un joli salon sombre, meublé avec goût, où nous attendîmes quelques minutes. Elle apparut, charmante, me tendit la main, nous fit asseoir ; et quand je lui eus expliqué le motif de ma visite, elle sonna.

« Le valet de pied reparut.

« — Voyez, dit-elle, si Mlle Isabelle peut laisser « entrer dans sa chapelle. »

« La jeune fille apporta elle-même la réponse. Elle avait quinze ans, un air modeste et bon, toute la fraîcheur de sa jeunesse.

Elle voulait nous guider elle-même dans sa chapelle.

« C'était une sorte de boudoir pieux où brûlait une lampe d'argent devant le Christ, mon Christ, couché sur un lit de velours noir. La mise en scène était charmante et fort habile.

« L'enfant fit le signe de la croix, puis nous dit : « Regardez, messieurs. Est-il beau ? »

« Je pris l'objet, l'examinai et je le déclarai remarquable. L'étranger aussi le considéra, mais il semblait beaucoup plus occupé par les deux femmes que par le Christ.

« On sentait bon dans leur logis, on sentait l'encens, les fleurs et les parfums. On s'y trouvait bien. C'était là vraiment une demeure confortable qui invitait à rester.

« Quand nous fûmes rentrés dans le salon, j'abordai, avec réserve et avec délicatesse, la question de prix. Mme Samoris demanda, en baissant les yeux, cinquante mille francs.

« Puis elle ajouta : « Si vous désiriez le revoir, « monsieur, je ne sors guère avant trois heures ; et « on me trouve tous les jours. »

« Dans la rue, l'étranger me demanda des détails sur la baronne qu'il avait trouvée exquise. Mais je n'entendis plus parler de lui ni d'elle.

Trois mois encore se passèrent.

Un matin, voici quinze jours à peine, elle arriva

chez moi à l'heure du déjeuner, et posant un portefeuille entre mes mains : « Mon cher, vous êtes « un ange. Voici cinquante mille francs ; c'est moi « qui achète votre Christ, et je le paie vingt mille « francs de plus que le prix convenu, à la condition « que vous m'enverrez toujours... toujours des « clients... car il est encore à vendre... mon « Christ... »

. . . .

UNE VENTE

Les nommés Brument (Césaire-Isidore) et Cornu (Prosper-Napoléon) comparaissaient devant la cour d'assises de la Seine-Inférieure sous l'inculpation de tentative d'assassinat, par immersion, sur la femme Brument, épouse légitime du premier des prévenus.

Les deux accusés sont assis côte à côte sur le banc traditionnel. Ce sont deux paysans. Le premier est petit, gros, avec des bras courts, des jambes courtes et une tête ronde, rouge, bourgeonnante, plantée directement sur le torse, rond aussi, court aussi, sans une apparence de cou. Il est éleveur de porcs et demeure à Cacheville-la-Goupil, canton de Criquetot.

Cornu (Prosper-Napoléon) est maigre, de taille moyenne, avec des bras démesurés. Il a la tête de travers, la mâchoire torse et il louche. Une blouse bleue, longue comme une chemise, lui tombe aux genoux, et ses cheveux jaunes, rares et collés sur le crâne, donnent à sa figure un air usé, un air sale, un air abîmé tout à fait affreux. On l'a surnommé « le Curé » parce qu'il sait imiter dans la perfection les chants d'église et même le bruit du serpent. Ce talent attire en son café, car il est cabaretier à Criquetot, un grand nombre de clients qui préfèrent la « messe à Cornu » à la messe au Bon Dieu.

Mme Brument, assise au banc des témoins, est une maigre paysanne qui semble toujours endormie. Elle demeure immobile, les mains croisées sur ses genoux, le regard fixe, l'air stupide.

Le président continue l'interrogatoire :

« Ainsi donc, femme Brument, ils sont entrés dans votre maison, et ils vous ont jetée dans un baril plein d'eau. Dites-nous les faits par le détail. Levez-vous. »

Elle se lève, elle semble haute comme un mât avec son bonnet qui la coiffe d'une calotte blanche. Elle s'explique d'une voix traînante :

« J'écossais d'z'haricots. V'là qu'ils entrent. Je m'dis « qué qu'ils ont ? Ils sont pas naturels, ils sont malicieux. » Ils me guettaient comme ça, de travers, surtout Cornu, vu qu'il louche. J'aime point à les voir ensemble, car c'est deux pas grand-chose en société. J'leur dis : « Qué qu' vous m'voulez ? » Ils répondent point. J'avais quasiment une méfiance... »

Le prévenu Brument interrompt avec vivacité la déposition et déclare :

« J'étais bu. »

Alors Cornu, se tournant vers son complice, prononce d'une voix profonde comme une note d'orgue :

« Dis qu'j'étions bus tous deux et tu n'mentiras point. »

LE PRÉSIDENT, *avec sévérité.* — Vous voulez dire que vous étiez ivres ?

BRUMENT. — Ça n'se demande pas.

CORNU. — Ça peut arriver à tout l'monde.

LE PRÉDIDENT, *à la victime.* — Continuez votre déposition, femme Brument.

— Donc, v'là Brument qui m' dit : « Veux-tu « gagner cent sous ? — Oui », que j' dis, vu qu'cent sous, ça s'trouve point dans l' pas d'un cheval. Alors i m' dit : « Ouvre l'œil et fais comme mé », et le v'là qui s'en va quérir l' grand baril défoncé qu'est sous la gouttière du coin ; et pi qu'il le renverse, et pi qu'il l'apporte dans ma cuisine, et pi qu'il le plante droit au milieu, et pi qu'il me dit : « Va querir d'liau jusqu'à tant qu'il sera plein. »

« Donc me v'là que j'vas à la mare avec deux siaux et qu'j'apporte de l'iau, et pi encore de l'iau pendant ben une heure, vu que çu baril il était grand comme une cuve, sauf vot' respect, m'sieur l'président.

« Pendant çu temps-là, Brument et Cornu ils buvaient un coup, et pi encore un coup, et pi encore un coup. Ils se complétaient de compagnie que je leur dis : « C'est vous qu'êtes pleins, pu « pleins qu'çu baril. » Et v'là Brument qui m'répond : « Ne te tracasse point, va ton train, ton tour « viendra, chacun son comptant. » Mé je m'occupe point d'son propos, vu qu'il était bu.

« Quand l'baril fut empli rasibus, j'dis :

« — V'là, c'est fait. »

« Et v'là Cornu qui m'donne cent sous. Pas Brument, Cornu ; c'est Cornu qui m' les a donnés. Et Brument m' dit : « Veux-tu gagner encore cent « sous ? — Oui, que j' dis, vu que j' suis pas accou-

« tumée à des étrennes comme ça. » Alors il me dit : « Débille-té. »

« — Que j' me débille ? »

« — Oui », qu'il m' dit.

« — Jusqu'où qu' tu veux que j' me débille ? »

« Il me dit : « Si ça te dérange, garde ta chemise, « ça ne nous oppose point. »

« Cent sous, c'est cent sous, v'là que je m' débille, mais qu'ça ne m'allait point de m' débiller d'vant ces deux propres-à-rien. J'ôte ma coiffe, et pi mon caraco, et pi ma jupe, et pi mes sabots. Brument m'dit : « Garde tes bas itou ; j' sommes bons « enfants. »

« Donc me v'là quasiment comme not' mère Ève. Et qu'ils se lèvent, qu'ils ne tenaient pu debout, tant ils étaient bus, sauf vot' respect, m'sieu l' président.

« Je m' dis : « Qué qui manigancent ? »

« Et Brument dit : « Ça y est ? »

« Cornu dit : « Ça y est ! »

« Et v'là qu'ils me prennent, Brument par la tête et Cornu par les pieds, comme on prendrait, comme qui dirait un drap de lessive. Mé, v'là que j' gueule.

« Et Brument me dit : « Tais-té, misère. »

« Et qu'ils me lèvent au-dessus d' leurs bras, et qu'ils me piquent dans le baril qu'était plein d'iau, que je n'ai eu une révolution des sangs, une glaçure jusqu'aux boyaux.

« Et Brument dit : « Rien que ça ? »

« Cornu dit : « Rien de pu. »

« Brument dit : « La tête y est point, ça « compte. »

« Cornu dit : « Mets-y la tête. »

« Et v'là Brument qui m' pousse la tête quasiment pour me néyer, que l'iau me faufilait dans l' nez, que j' véyais déjà l' Paradis. Et v'là qu'il pousse. Et j' disparais.

« Et pi qu'il aura eu eune peurance. Il me tire de là et il me dit : « Va vite te sécher, carcasse. » Mé, je m'ensauve, et j' m'en vas courant chez m'sieur l' curé qui m' prête une jupe d' sa servante, vu qu' j'étais en naturel, et i va querir maît' Chicot, l' garde champêtre qui s'en va ta Criquetot querir les gendarmes qui vont ta la maison m'accompagnant.

« V'là que j' trouvons Brument et Cornu qui s' tapaient comme deux béliers.

« Brument gueulait : « Pas vrai, j' te dis qu'y en a « t'au moins un mètre cube. C'est le moyen qu'est « pas bon. »

« Cornu gueulait : « Quatre siaux, ça fait pas qua- « siment un demi-mètre cube. T'as pas ta répliquer, « ça y est. »

« Le brigadier leur y met la main sur le poil. J'ai pu rien. »

Elle s'assit. Le public riait. Les jurés stupéfaits se regardaient. Le président prononça :

« Prévenu Cornu, vous paraissez être l'instigateur de cette infâme machination. Expliquez-vous ! »

Et Cornu, à son tour, se leva :

« Mon président, j'étions bu... »

Le président répliqua gravement :

« Je le sais. Continuez !

— J'y vas. Donc, Brument vint à mon établissement vers les neuf heures, et il se fit servir deux fil-en-dix, et il me dit : « Y en a pour toi, Cornu. » Et je m'assieds vis-à-vis, et je bois, et par politesse, j'en offre un autre. Alors, il a réitéré, et moi aussi, si bien que de fil en fil, vers midi, nous étions toisés.

« Alors Brument se met à pleurer ; ça m'attendrit. Je lui demande ce qu'il a. Il me dit : « Il me faut « mille francs pour jeudi. » Là-dessus, je deviens froid, vous comprenez. Et il me propose à brûle tout le foin : « J' te vends ma femme. »

« J'étais bu, et j' suis veuf. Vous comprenez, ça me remue. Je ne la connaissais point, sa femme ; mais une femme, c'est une femme, n'est-ce pas ? Je lui demande : « Combien ça que tu me la « vends ? »

« Il réfléchit ou bien il fait semblant. Quand on est bu, on n'est pas clair, et il me répond : « Je te la « vends au mètre cube. »

« Moi, ça n' m'étonne pas, vu que j'étais autant bu que lui, et que le mètre cube ça me connaît dans mon métier. Ça fait mille litres, ça m'allait.

« Seulement, le prix restait à débattre. Tout dépend de la qualité. Je lui dis : « Combien ça, le « mètre cube ? »

« Il me répond : « Deux mille francs. »

« Je fais un saut comme un lapin, et puis je réfléchis qu'une femme ça ne doit pas mesurer plus de trois cents litres. J' dis tout de même : « « C'est trop « cher. »

« Il répond : « J' peux pas à moins. J'y per- « drais. »

« Vous comprenez : on n'est pas marchand de cochons pour rien. On connaît son métier. Mais s'il est ficelle, le vendeux de lard, moi je suis fil, vu que j'en vends. Ah ! ah ! ah ! Donc je lui dis : « Si elle « était neuve, j' dis pas : mais a t'a servi, pas vrai,

« donc c'est du r'tour. J' t'en donne quinze cents « francs l' mètre cube, pas un sou de plus. Ça va- « t-il ? »

Il répond : « Ça va. Tope là ! »

« J' tope et nous v'là partis, bras dessus, bras dessous. Faut bien qu'on s'entraide dans la vie.

« Mais eune peur me vint : « Comment qu' tu vas « la litrer à moins d' la mettre en liquide ? »

« Alors i m'explique son idée, pas sans peine, vu qu'il était bu. Il me dit : « J' prends un baril. « J' l'emplis d'eau rasibus. Je la mets d'dans. Tout « ce qui sortira d'eau, je l' mesurerons, ça fait « l' compte. »

« Je lui dis : « C'est vu, c'est compris. Mais « c' t'eau qui sortira, a coulera ; comment que tu « feras pour la reprendre ? »

« Alors i me traite d'andouille, et il m'explique qu'il n'y aura qu'à remplir le baril du déficit une fois qu' sa femme en sera partie. Tout ce qu'on remettra d'eau ça f'ra la mesure. Je suppose dix seaux : ça donne un mètre cube. Il n'est pas bête tout de même quand il est bu, c'te rosse-là !

« Bref, nous v'là chez lui, et j' contemple la particulière. Pour une belle femme, c'est pas une belle femme. Tout le monde peut le voir, vu que la v'là. Je me dis : « J' suis r'fait, n'importe, ça compte ; « belle ou laide, ça fait pas moins le même usage », pas vrai, monsieur le président ? Et pi je constate qu'elle est maigre comme une gaule. Je me dis : « Y en a pas quatre cents litres. » Je m'y connais, étant dans les liquides.

« L'opération, elle vous l'a dite. J'y avons même laissé les bas et la chemise à mon détriment.

« Quand ça fut fait, v'là qu'elle se sauve. Je dis : « Attention ! Brument, elle s'écape. »

« Il réplique : « As pas peur, j' la rattraperons « toujours. Faudra bien qu'elle revienne gîter. « J'allons mesurer l' déficit. »

« J' mesurons. Pas quatre seaux. Ah ! ah ! ah ! ah ! »

Le prévenu se met à rire avec tant de persistance qu'un gendarme est obligé de lui taper dans le dos. S'étant calmé, il reprend :

« Bref, Brument déclare : « Rien de fait, c'est pas « assez. » Moi je gueule, il gueule, je surgueule, il tape, je cogne. Ça dure autant que le jugement dernier, vu que j'étions bu.

« V'là les gendarmes ! Ils nous sacréandent, ils nous carottent. En prison. Je demande des dommages. »

Il s'assit.

Brument déclara vrais en tout point les aveux de son complice. Le jury, consterné, se retira pour délibérer.

Il revint au bout d'une heure et acquitta les prévenus avec des considérants sévères appuyés sur la majesté du mariage, et établissant la délimitation précise des transactions commerciales.

Brument s'achemina en compagnie de son épouse vers le domicile conjugal.

Cornu retourna à son commerce.

L'ASSASSIN

Le coupable était défendu par un tout jeune avocat, un débutant qui parla ainsi :

« Les faits sont indéniables, messieurs les jurés. Mon client, un honnête homme, un employé irréprochable, doux et timide, a assassiné son patron dans un mouvement de colère qui paraît incompréhensible. Voulez-vous me permettre de faire la psychologie de ce crime, si je puis ainsi parler, sans rien atténuer, sans rien excuser ? Vous jugerez ensuite.

« Jean-Nicolas Lougère est fils de gens très honorables qui ont fait de lui un homme simple et respectueux.

« Là est son crime : le respect ! C'est un sentiment, messieurs, que nous ne connaissons plus guère aujourd'hui, dont le nom seul semble exister encore et dont toute la puissance a disparu. Il faut entrer dans certaines familles arriérées et modestes pour y retrouver cette tradition sévère, cette religion de la chose ou de l'homme, du sentiment ou de la croyance revêtus d'un caractère sacré, cette foi qui ne supporte ni le doute ni le sourire, ni l'effleurement d'un soupçon.

« On ne peut être un honnête homme, vraiment un honnête homme, dans toute la force de ce terme, que si on est un respectueux. L'homme qui respecte a les yeux fermés. Il croit. Nous autres, dont les yeux sont grands ouverts sur le monde, qui vivons ici, dans ce palais de la justice qui est l'égout de la société, où viennent échouer toutes les infamies, nous autres qui sommes les confidents de toutes les hontes, les défenseurs dévoués de toutes les gredineries humaines, les soutiens, pour ne pas dire souteneurs, de tous les drôles et de toutes les drôlesses, depuis les princes jusqu'aux rôdeurs de barrière, nous qui accueillons avec indulgence, avec complaisance, avec une bienveillance souriante tous les coupables pour les défendre devant vous, nous qui, si nous aimons vraiment notre métier, mesurons notre sympathie d'avocat à la grandeur du forfait, nous ne pouvons plus avoir l'âme respectueuse. Nous voyons trop ce fleuve de corruption qui va des chefs du Pouvoir aux derniers des gueux, nous savons trop comment tout se passe, comment tout se donne, comment tout se vend. Places, fonctions, honneurs, brutalement en échange d'un peu d'or, adroitement en échange de titres et de parts dans les entreprises industrielles, ou plus simplement contre un baiser de femme. Notre devoir et notre profession nous forcent à ne rien ignorer, à soupçonner tout le monde, car tout le monde est suspect ; et nous demeurons surpris quand nous nous trouvons en face d'un homme qui a, comme l'assassin assis devant vous, la religion du respect assez puissante pour en devenir un martyr.

« Nous autres, messieurs, nous avons de l'honneur comme on a des soins de propreté, par dégoût de la bassesse, par un sentiment de dignité personnelle et d'orgueil ; mais nous n'en portons pas au fond du cœur la foi aveugle, innée, brutale, comme cet homme.

« Laissez-moi vous raconter sa vie.

« Il fut élevé, comme on élevait autrefois les enfants, en faisant deux parts de tous les actes humains : ce qui est bien et ce qui est mal. On lui montra le bien avec une autorité irrésistible qui le lui fit distinguer du mal, comme on distingue le jour de la nuit. Son père n'appartenait pas à la race des esprits supérieurs qui, regardant de très haut, voient les sources des croyances et reconnaissent les nécessités sociales d'où sont nées ces distinctions.

« Il grandit donc, religieux et confiant, enthousiaste et borné.

« A vingt-deux ans il se maria. On lui fit épouser une cousine, élevée comme lui, simple comme lui, pure comme lui. Il eut cette chance inestimable d'avoir pour compagne une honnête femme au cœur droit, c'est-à-dire ce qu'il y a de plus rare et de plus respectable au monde. Il avait pour sa mère la vénération qui entoure les mères dans les familles patriarcales, ce culte profond qu'on réserve aux divinités. Il reporta sur sa femme un peu de cette religion, à peine atténuée par les familiarités conjugales. Et il vécut dans une ignorance absolue de la fourberie, dans un état de droiture obstinée et de bonheur tranquille qui fit de lui un être à part. Ne trompant personne, il ne soupçonnait pas qu'on pût le tromper, lui.

« Quelque temps avant son mariage, il était entré comme caissier chez M. Langlais, assassiné par lui dernièrement.

« Nous savons, messieurs les jurés, par les témoignages de Mme Langlais, de son frère M. Perthuis, associé de son mari, de toute la famille et de tous les employés supérieurs de cette banque que Lougère fut un employé modèle comme probité, comme soumission, comme douceur, comme déférence envers ses chefs et comme régularité.

« On le traitait d'ailleurs avec la considération méritée par sa conduite exemplaire. Il était habitué à cet hommage et à l'espèce de vénération témoignée à Mme Lougère, dont l'éloge était sur toutes les bouches.

« Elle mourut d'une fièvre typhoïde en quelques jours.

« Il ressentit assurément une douleur profonde, mais une douleur froide et calme de cœur méthodique. On vit seulement à sa pâleur et à l'altération de ses traits jusqu'à quel point il avait été blessé.

« Alors, messieurs, il se passa une chose bien naturelle.

« Cet homme était marié depuis dix ans. Depuis dix ans il avait l'habitude de sentir une femme près de lui, toujours. Il était accoutumé à ses soins, à cette voix familière quand on rentre, à l'adieu du soir, au bonjour du matin, à ce doux bruit de robe si cher aux féminins, à cette caresse tantôt amoureuse et tantôt maternelle qui rend légère l'existence, à cette présence aimée qui fait moins lentes les heures. Il était aussi accoutumé aux gâteries matérielles de la table peut-être, à toutes les attentions qu'on ne sent pas et qui nous deviennent peu à peu indispensables. Il ne pouvait plus vivre seul. Alors, pour passer les interminables soirées, il prit l'habitude d'aller s'asseoir une heure ou deux dans une brasserie voisine. Il buvait un bock et restait là, immobile, suivant d'un œil distrait les billes du billard courant l'une après l'autre sous la fumée des pipes, écoutant sans y songer les disputes des joueurs, les discussions de ses voisins sur la politique et les éclats de rire que soulevait parfois une lourde plaisanterie à l'autre bout de la salle. Il finissait souvent par s'endormir de lassitude et d'ennui. Mais il avait au fond du cœur et au fond de la chair le besoin irrésistible d'un cœur et d'une chair de femme ; et, sans y songer, il se rapprochait un peu, chaque soir, du comptoir où trônait la caissière, une petite blonde, attiré vers elle invinciblement parce qu'elle était une femme.

« Bientôt ils causèrent, et il prit l'habitude, très douce pour lui, de passer toutes ses soirées à ses côtés. Elle était gracieuse et prévenante comme il convient dans ces commerces à sourires, et elle s'amusait à renouveler sa consommation le plus souvent possible, ce qui faisait aller les affaires. Mais chaque jour, Lougère s'attachait davantage à cette femme qu'il ne connaissait pas, dont il ignorait toute l'existence et qu'il aima uniquement parce qu'il n'en voyait pas d'autre.

« La petite, qui était rusée, s'aperçut bientôt qu'elle pourrait tirer parti de ce naïf et elle chercha quelle serait la meilleure façon de l'exploiter. La plus fine assurément était de se faire épouser.

« Elle y parvint sans aucune peine.

« Ai-je besoin de vous dire, messieurs les jurés, que la conduite de cette fille était des plus irrégulières et que le mariage, loin de mettre un frein à ses écarts, sembla au contraire les rendre plus éhontés ?

« Par un jeu naturel de l'astuce féminine, elle sembla prendre plaisir à tromper cet honnête homme avec tous les employés de son bureau. Je dis : avec tous. Nous avons des lettres, messieurs. Ce fut bientôt un scandale public que le mari seul, comme toujours, ignorait.

« Enfin cette gueuse, dans un intérêt facile à concevoir, séduisit le fils même du patron, jeune homme de dix-neuf ans, sur l'esprit et sur les sens duquel elle eut bientôt une influence déplorable. M. Langlais, qui avait jusque-là fermé les yeux par bonté, par amitié pour son employé, ressentit en voyant son fils entre les mains, je devrais dire entre les bras de cette dangereuse créature, une colère bien légitime.

« Il eut le tort d'appeler immédiatement Lougère et de lui parler sous le coup de son indignation paternelle.

« Il ne me reste, messieurs, qu'à vous lire le récit du crime, fait par les lèvres même du moribond, et recueilli par l'instruction.

« — Je venais d'apprendre que mon fils avait
« donné, la veille même, dix mille francs à cette
« femme, et ma colère a été plus forte que ma rai-
« son. Certes, je n'ai jamais soupçonné l'honorabi-
« lité de Lougère, mais certains aveuglements sont
« plus dangereux que des fautes.

« Je le fis donc appeler près de moi et je lui dis

« que je me voyais obligé de me priver de ses ser-
« vices.

« Il restait debout devant moi, effaré, ne compre-
« nant pas. Il finit par demander des explications
« avec une certaine vivacité.

« Je refusai de lui en donner, en affirmant que
« mes raisons étaient d'ordre tout intime. Il crut
« alors que je le soupçonnais d'indélicatesse, et,
« très pâle, m'adjura, me somma de m'expliquer.
« Parti sur cette idée, il était fort et prenait le droit
« de parler haut.

« Comme je me taisais toujours, il m'injuria,
« m'insulta, arrivé à un tel degré d'exaspération que
« je craignais des voies de fait.

« Or, soudain, sur un mot blessant qui m'atteignit
« en plein cœur, je lui jetai à la face la vérité.

« Il demeura debout quelques secondes, me
« regardant avec des yeux hagards ; puis je le vis
« prendre sur mon bureau les longs ciseaux dont je
« me sers pour émarger certains registres, puis je le
« vis tomber sur moi le bras levé, et je sentis entrer
« quelque chose dans ma gorge, au sommet de la
« poitrine, sans éprouver aucune douleur. »

« Voici, messieurs les jurés, le simple récit de ce meurtre. Que dire de plus pour sa défense ? Il a respecté sa seconde femme avec aveuglement parce qu'il avait respecté la première avec raison. »

Après une courte délibération, le prévenu fut acquitté.

LA MARTINE

CELA lui était venu, un dimanche, après la messe. Il sortait de l'église et suivait le chemin creux, qui le reconduisait chez lui, quand il se trouva derrière la Martine qui rentrait aussi chez elle.

Le père marchait à côté de sa fille, d'un pas important de fermier riche. Dédaignant la blouse, il portait une sorte de veston de drap gris et il était coiffé d'un chapeau melon à larges bords.

Elle, serrée dans un corset qu'elle ne laçait qu'une fois par semaine, s'en allait droite, la taille étranglée, les épaules larges, les hanches saillantes, en se dandinant un peu.

Coiffée d'un chapeau à fleurs, confectionné par une modiste d'Yvetot, elle montrait tout entière sa nuque forte, ronde, souple, où ses petits cheveux follets voltigeaient, roussis par le grand air et le soleil.

Lui, Benoist, ne voyait que son dos ; mais il connaissait bien le visage qu'elle avait, sans qu'il l'eût cependant jamais remarqué plus que ça.

Et tout d'un coup, il se dit : « Nom d'un nom, c'est une belle fille tout de même que la Martine. » Il la regardait aller, l'admirant brusquement, se sentant pris d'un désir. Il n'avait point besoin de revoir la figure, non. Il gardait les yeux plantés sur sa taille, se répétant à lui-même, comme s'il eût parlé : « Nom d'un nom, c'est une belle fille. »

La Martine prit à droite pour entrer à « La Martinière », la ferme de son père, Jean Martin ; et elle se retourna en jetant un regard derrière elle. Elle vit Benoist qui lui parut tout drôle. Elle cria : « Bonjour, Benoist. » Il répondit : « Bonjour, la Martine, bonjour, maît'Martin », et il passa.

Quand il rentra chez lui, la soupe était sur la table. Il s'assit en face de sa mère, à côté du valet et du goujat, tandis que la servante allait tirer le cidre.

Il mangea quelques cuillerées, puis repoussa son assiette. Sa mère demanda :

« C'est-i que t'es indispos ? »

Il répondit :

« Non, c'est comme une bouillie que j'aurais dans l'vente et qui m'ôte la faim. »

Il regardait les autres manger, tout en coupant de temps à autre une bouchée de pain qu'il portait lentement à ses lèvres et mastiquait longtemps. Il pensait à la Martine : « C'est tout de même une belle fille. » Et dire qu'il ne s'en était pas aperçu jusque-là, et que ça lui venait comme ça, tout d'un coup, et si fort qu'il n'en mangeait plus.

Il ne toucha guère au ragoût. Sa mère disait :

« Allons, Benoist, efforce té un p'tieu ; c'est d'la côte de mouton, ça te fera du bien. Quand on n'a point d'appétit, faut s'efforcer. »

Il avalait quelque morceau, puis repoussait son assiette : — non, ça ne passait point, décidément.

Sur la relevée, il alla faire un tour aux terres et donna congé au goujat, promettant de remuer les bêtes en passant.

La campagne était vide, vu le jour de repos. De place en place, dans un champ de trèfle, des vaches écroulées lourdement, le ventre répandu, ruminaient sous le grand soleil. Des charrues dételées attendaient au coin d'un labouré ; et les terres retournées, prêtes pour la semence, développaient leurs larges carrés bruns au milieu de pièces jaunes où pourrissait le pied court des blés et des avoines fauchés depuis peu.

Un vent d'automne un peu sec passait sur la plaine, annonçant une soirée fraîche après le coucher du soleil. Benoist s'assit sur un fossé, mit son chapeau sur ses genoux, comme s'il eût eu besoin de garder la tête à l'air, et il prononça tout haut, dans le silence de la campagne : « Pour une belle fille, c'est une belle fille. »

Il y pensa encore le soir, dans son lit, et le lendemain en s'éveillant.

Il n'était pas triste, il n'était pas mécontent ; il n'eût pu dire ce qu'il avait. C'était quelque chose qui le tenait, quelque chose d'accroché dans son âme, une idée qui ne s'en allait pas et qui lui faisait au cœur une espèce de chatouillement. Parfois une grosse mouche se trouve enfermée dans une chambre. On l'entend voler en ronflant, et ce bruit vous obsède, vous irrite. Soudain, elle s'arrête ; on l'oublie ; mais tout à coup elle repart, vous forçant à relever la tête. On ne peut ni la prendre, ni la chasser, ni la tuer, ni la faire rester en place. A peine posée, elle se remet à bourdonner.

Or le souvenir de la Martine s'agitait dans l'esprit de Benoist comme une mouche emprisonnée[1].

Puis un désir le prit de la revoir, et il passa plusieurs fois devant La Martinière. Il l'aperçut enfin étendant du linge sur une corde, entre deux pommiers.

Il faisait chaud ; elle n'avait gardé qu'une courte jupe, et sa seule chemise sur sa peau dessinait bien ses reins cambrés quand elle levait les bras pour accrocher ses serviettes.

Il resta blotti contre le fossé pendant plus d'une heure, même après qu'elle fut partie. Il s'en revint plus hanté encore qu'auparavant.

Pendant un mois, il eut l'esprit plein d'elle, il tressaillait quand on la nommait devant lui. Il ne mangeait plus, il avait chaque nuit des sueurs qui l'empêchaient de dormir.

Le dimanche, à la messe, il ne la quittait pas des yeux. Elle s'en aperçut et lui fit des sourires, flattée d'être appréciée ainsi.

Or, un soir, tout à coup, il la rencontra dans un chemin. Elle s'arrêta en le voyant venir. Alors il marcha droit sur elle, suffoqué par la peur et le saisissement, mais aussi résolu à lui parler. Il commença en bredouillant :

« Voyez-vous, la Martine, ça ne peut plus durer comme ça. »

Elle répondit, comme en se moquant de lui :

« Qu'est-ce qui ne peut plus durer, Benoist ? »

Il reprit :

« Que je pense à vous tant qu'il y a d'heures au jour. »

Elle posa ses poings sur ses hanches :

« C'est pas moi qui vous force. »

Il balbutia :

« Oui, c'est vous ; je n'ai plus ni sommeil, ni repos, ni faim, ni rien. »

Elle prononça très bas :

« Qu'est-ce qu'il faut, alors, pour vous guérir de ça ? »

Il resta saisi, les bras ballants, les yeux ronds, la bouche ouverte.

Elle lui tapa un grand coup de main dans l'estomac et s'enfuit en courant.

A partir de ce jour, ils se rencontrèrent le long des fossés, dans les chemins creux, ou bien, au jour tombant, au bord d'un champ, alors qu'il rentrait avec ses chevaux et qu'elle ramenait ses vaches à l'étable.

Il se sentait porté, jeté vers elle par un grand élan de son cœur et de son corps. Il aurait voulu l'étreindre, l'étrangler, la manger, la faire entrer en lui. Et il avait des frémissements d'impuissance, d'impatience, de rage, de ce qu'elle n'était point à lui complètement, comme s'ils n'eussent fait qu'un seul être.

On en jasait dans le pays. On les disait promis l'un à l'autre. Il lui avait demandé, d'ailleurs, si elle voulait être sa femme, et elle avait répondu : « Oui. »

Ils attendaient une occasion pour en parler à leurs parents.

Or, brusquement, elle ne vint plus aux heures de rencontre. Il ne l'apercevait même point en rôdant autour de la ferme. Il ne pouvait que l'entrevoir à la messe le dimanche. Et, justement un dimanche, après le prône, le curé annonça du haut de la chaire qu'il y avait promesse de mariage entre Victoire-Adélaïde Martin et Joséphin-Isidore Vallin.

Benoist sentit quelque chose dans ses mains, comme si on en avait enlevé le sang. Ses oreilles bourdonnaient ; il n'entendait plus rien, et il s'aperçut au bout de quelque temps qu'il pleurait dans son livre de messe.

Pendant un mois, il garda la chambre. Puis il se remit au travail.

Mais il n'était point guéri et il y pensait toujours. Il évitait de passer par les chemins qui contournaient sa demeure, pour ne point même apercevoir les arbres de sa cour, ce qui le forçait à un grand circuit qu'il faisait matin et soir.

Elle était mariée maintenant avec Vallin, le plus riche fermier du canton. Benoist et lui ne se parlaient plus, bien qu'ils fussent camarades depuis l'enfance.

Or, un soir, comme Benoist passait devant la mairie, il apprit qu'elle était grosse. Au lieu d'en ressentir une grande douleur, il en éprouva au contraire une espèce de soulagement. C'était fini, maintenant, bien fini. Ils étaient plus séparés par cela que par le mariage. Vraiment, il aimait mieux ça.

Des mois passèrent, encore des mois. Il l'apercevait quelquefois, s'en allant au village de sa démarche alourdie. Elle devenait rouge en le voyant, baissait la tête et hâtait le pas. Et lui se détournait de sa route pour ne la point croiser et rencontrer ses yeux.

Mais il songeait avec terreur qu'il pouvait au premier matin se trouver face à face avec elle et contraint de lui parler. Que lui dirait-il maintenant, après tout ce qu'il lui avait dit autrefois en lui tenant les mains et lui baisant les cheveux auprès des joues ? Il pensait souvent encore à leurs rendez-vous le long des fossés. C'était vilain ce qu'elle avait fait, après tant de promesses.

Peu à peu, cependant, le chagrin s'en allait de son cœur ; il n'y restait plus que de la tristesse. Et, un jour, pour la première fois, il reprit son ancien chemin contre la ferme qu'elle habitait. Il regardait de loin le toit de la maison. C'était là-dedans ! là-dedans qu'elle vivait avec un autre ! Les pommiers étaient en fleur, les coqs chantaient sur le fumier. Toute la demeure semblait vide, les gens étant partis aux champs pour les travaux printaniers. Il s'arrêta près de la barrière et regarda dans la cour. Le chien dormait devant sa niche, trois veaux s'en allaient d'un pas lent, l'un derrière l'autre, vers la mare. Un gros dindon faisait la roue devant la porte, en paradant devant les poules avec des manières de chanteur en scène.

Benoist s'appuya contre le pilier et il se sentit soudain repris par une grosse envie de pleurer. Mais, tout à coup, il entendit un cri, un grand cri d'appel qui sortait de la maison. Il demeura éperdu, les mains crispées sur les barres de bois, écoutant toujours. Un autre cri, prolongé, déchirant, lui entra dans les oreilles, dans l'âme et dans la chair. C'était elle qui criait comme ça ! Il s'élança, traversa la prairie, poussa la porte et il la vit, étendue par terre, crispée, la figure livide, les yeux hagards, saisie par les douleurs de l'enfantement.

Alors il resta debout, plus pâle et plus tremblant qu'elle, balbutiant :

« Me v'là, me v'là, la Martine. »

Elle répondit, en haletant :

« Oh ! ne me quittez point, ne me quittez point, Benoist. »

Il la regardait, ne sachant plus que dire, que faire. Elle se remit à crier.

« Oh ! oh ! ça me déchire ! Oh ! Benoist ! »

Et elle se tordait affreusement.

Soudain un besoin furieux envahit Benoist de la secourir, de l'apaiser, d'ôter son mal. Il se pencha, la prit, l'enleva, la porta sur son lit ; et, pendant qu'elle geignait toujours, il la dévêtit, enlevant son caraco, sa robe, sa jupe. Elle se mordait les poings pour ne point crier. Alors il fit comme il avait coutume de faire aux bêtes, aux vaches, aux brebis, aux juments : il l'aida et il reçut dans ses mains un gros enfant qui geignait.

Il l'essuya, l'enveloppa d'un torchon qui séchait devant le feu et le posa sur un tas de linge à repasser demeuré sur la table ; puis il revint à la mère.

Il la mit de nouveau par terre, changea le lit, la recoucha. Elle balbutiait : « Merci, Benoist, t'es un brave cœur. » Et elle pleurait un peu comme si un regret l'eût envahie.

Lui, il ne l'aimait plus, plus du tout. C'était fini. Pourquoi ? Comment ? Il n'eût pas su le dire. Ce qui venait de se passer l'avait guéri mieux que n'auraient fait dix ans d'absence.

Elle demanda, épuisée et palpitante :

« Qué que c'est ? »

Il répondit d'une voix calme :

« C'est une fille qu'est bien avenante. »

Ils se turent de nouveau. Au bout de quelques

secondes, la mère, d'une voix faible, prononça :

« Montre-la-moi, Benoist. »

Il alla chercher la petite et il la présentait comme s'il eût tenu le pain bénit, quand la porte s'ouvrit et Isidore Vallin parut.

Il ne comprit point d'abord ; puis, soudain, il devina.

Benoist, consterné, balbutiait :

« J'passais, je passais comme ça, quand j'ai entendu qu'elle criait et j'suis v'nu... v'là t' n'éfant, Vallin ! »

Alors, le mari, les larmes aux yeux, fit un pas, prit le frêle moutard que lui tendait l'autre, l'embrassa, demeura quelques secondes suffoqué, reposa l'enfant sur le lit, et présentant à Benoist ses deux mains :

« Tope là, tope là, Benoist, maintenant, entre nous, vois-tu, tout est dit. Si tu veux, j'srons une paire d'amis, mais là, une paire d'amis !... »

Et Benoist répondit :

« J'veux bien, pour sûr, j'veux bien. »

UNE SOIRÉE

Le maréchal des logis Varajou avait obtenu huit jours de permission pour les passer chez sa sœur, Mme Padoie. Varajou, qui tenait garnison à Rennes et y menait joyeuse vie, se trouvant à sec et mal avec sa famille, avait écrit à sa sœur qu'il pourrait lui consacrer une semaine de liberté. Ce n'est point qu'il aimât beaucoup Mme Padoie, une petite femme moralisante, dévote, et toujours irritée ; mais il avait besoin d'argent, grand besoin, et il se rappelait que, de tous ses parents, les Padoie étaient les seuls qu'il n'eût jamais rançonnés.

Le père Varajou, ancien horticulteur à Angers, retiré maintenant des affaires, avait fermé sa bourse à son garnement de fils et ne le voyait guère depuis deux ans. Sa fille avait épousé Padoie, ancien employé des finances, qui venait d'être nommé receveur des Contributions à Vannes.

Donc Varajou, en descendant du chemin de fer, se fit conduire à la maison de son beau-frère. Il le trouva dans son bureau, en train de discuter avec des paysans bretons des environs. Padoie se souleva sur sa chaise, tendit la main par-dessus sa table chargée de papiers, murmura : « Prenez un siège, je suis à vous dans un instant », se rassit et recommença sa discussion.

Les paysans ne comprenaient point ses explications, le receveur ne comprenait pas leurs raisonnements ; il parlait français, les autres parlaient breton, et le commis qui servait d'interprète ne semblait comprendre personne.

Ce fut long, très long. Varajou considérait son beau-frère en songeant : « Quel crétin ! » Padoie devait avoir près de cinquante ans ; il était grand, maigre, osseux, lent, velu, avec des sourcils en arcade qui faisaient sur ses yeux deux voûtes de poils. Coiffé d'un bonnet de velours orné d'un feston d'or, il regardait avec mollesse, comme il faisait tout. Sa parole, son geste, sa pensée, tout était mou. Varajou se répétait : « Quel crétin ! »

Il était, lui, un de ces braillards tapageurs pour qui la vie n'a pas de plus grands plaisirs que le café et la fille publique. En dehors de ces deux pôles de l'existence, il ne comprenait rien. Hâbleur, bruyant, plein de dédain pour tout le monde, il méprisait l'univers entier du haut de son ignorance. Quand il avait dit : « Nom d'un chien, quelle fête ! » il avait certes exprimé le plus haut degré d'admiration dont fût capable son esprit.

Padoie, ayant enfin éloigné ses paysans, demanda :

« Vous allez bien ?

— Pas mal, comme vous voyez. Et vous ?

— Assez bien, merci. C'est très aimable d'avoir pensé à nous venir voir.

— Oh ! j'y songeais depuis longtemps ; mais vous savez, dans le métier militaire, on n'a pas grande liberté.

— Oh ! je sais, je sais ; n'importe, c'est très aimable.

— Et Joséphine va bien ?

— Oui, oui, merci, vous la verrez tout à l'heure.

— Où est-elle donc ?

— Elle fait quelques visites ; nous avons beaucoup de relations ici ; c'est une ville très comme il faut.

— Je m'en doute. »

Mais la porte s'ouvrit. Mme Padoie apparut. Elle alla vers son frère sans empressement, lui tendit la joue et demanda :

« Il y a longtemps que tu es ici ?

— Non, à peine une demi-heure.

— Ah ! je croyais que le train aurait du retard. Si tu veux venir dans le salon. »

Ils passèrent dans la pièce voisine, laissant Padoie à ses chiffres et à ses contribuables.

Dès qu'ils furent seuls :

« J'en ai appris de belles sur ton compte, dit-elle.

— Quoi donc ?

— Il paraît que tu te conduis comme un polisson, que tu te grises, que tu fais des dettes. »

Il eut l'air très étonné.

« Moi ! Jamais de la vie.

— Oh ! ne nie pas, je le sais. »

Il essaya encore de se défendre, mais elle lui ferma la bouche par une semonce si violente qu'il dut se taire.

Puis elle reprit :

« Nous dînons à six heures, tu es libre jusqu'au dîner. Je ne puis te tenir compagnie parce que j'ai pas mal de choses à faire. »

Resté seul, il hésita entre dormir ou se promener. Il regardait tour à tour la porte conduisant à sa chambre et celle conduisant à la rue. Il se décida pour la rue.

Donc il sortit et se mit à rôder, d'un pas lent, le sabre sur les mollets, par la triste ville bretonne, si endormie, si calme, si morte au bord de sa mer intérieure, qu'on appelle « le Morbihan ». Il regardait les petites maisons grises, les rares passants, les boutiques vides, et il murmurait : « Pas gai, pas folichon, Vannes. Triste idée de venir ici ! »

Il gagna le port, si morne, revint par un boulevard solitaire et désolé, et rentra avant cinq heures. Alors il se jeta sur son lit pour sommeiller jusqu'au dîner.

La bonne le réveilla en frappant à sa porte.

« C'est servi, monsieur. »

Il descendit.

Dans la salle humide, dont le papier se décollait près du sol, une soupière attendait sur une table ronde sans nappe, qui portait aussi trois assiettes mélancoliques.

M. et Mme Padoie entrèrent en même temps que Varajou.

On s'assit, puis la femme et le mari dessinèrent un petit signe de croix sur le creux de leur estomac, après quoi Padoie servit la soupe, de la soupe grasse. C'était jour de pot-au-feu.

Après la soupe vint le bœuf, du bœuf trop cuit, fondu, graisseux, qui tombait en bouillie. Le sous-officier le mâchait avec lenteur, avec dégoût, avec fatigue, avec rage.

Mme Padoie disait à son mari :

« Tu vas ce soir chez M. le premier président ?

— Oui, ma chère.

— Ne reste pas tard. Tu te fatigues toutes les fois que tu sors. Tu n'es pas fait pour le monde avec ta mauvaise santé. »

Alors elle parla de la société de Vannes, de l'excellente société où les Padoie étaient reçus avec considération, grâce à leurs sentiments religieux.

Puis on servit des pommes de terre en purée, avec un plat de charcuterie, en l'honneur du nouveau venu.

Puis du fromage. C'était fini. Pas de café.

Quand Varajou comprit qu'il devrait passer la soirée en tête-à-tête avec sa sœur, subir ses reproches, écouter ses sermons, sans avoir même un petit verre à laisser couler dans sa gorge pour faire glisser les remontrances, il sentit bien qu'il ne pourrait pas supporter ce supplice, et il déclara qu'il devait aller à la gendarmerie pour faire régulariser quelque chose sur sa permission.

Et il se sauva, dès sept heures.

A peine dans la rue, il commença par se secouer comme un chien qui sort de l'eau. Il murmurait : « Nom d'un nom, d'un nom, d'un nom, quelle corvée ! »

Et il se mit à la recherche d'un café, du meilleur café de la ville. Il le trouva sur une place, derrière deux becs de gaz. Dans l'intérieur, cinq ou six hommes, des demi-messieurs peu bruyants, buvaient et causaient doucement, accoudés sur de petites tables, tandis que deux joueurs de billard marchaient autour du tapis vert où roulaient les billes en se heurtant.

On entendait leurs voix compter : « Dix-huit, — dix-neuf. — Pas de chance. — Oh ! joli coup ! bien joué ! — Onze. — Il fallait prendre par la rouge. — Vingt. — Bille en tête, bille en tête. — Douze. Hein ! j'avais raison ? »

Varajou commanda :

« Une demi-tasse et un carafon de fine, de la meilleure. »

Puis il s'assit, attendant sa consommation.

Il était accoutumé à passer ces soirs de liberté avec ses camarades, dans le tapage et la fumée des pipes. Ce silence, ce calme l'exaspéraient. Il se mit à boire, du café d'abord : puis son carafon d'eau-de-vie, puis un second qu'il demanda. Il avait envie de rire maintenant, de crier, de chanter, de battre quelqu'un.

Il se dit : « Cristi, me voilà remonté. Il faut que je fasse la fête. » Et l'idée lui vint aussitôt de trouver des filles pour s'amuser.

Il appela le garçon :

« Hé ! l'employé !

— Voilà, m'sieu.

— Dites, l'employé, ousqu'on rigole ici ? »

L'homme resta stupide à cette question.

« Je n'sais pas, m'sieu. Mais ici !

— Comment ici ? Qu'est-ce que tu appelles rigoler, alors, toi ?

— Mais je n'sais pas, m'sieu, boire de la bonne bière ou du bon vin.

— Va donc, moule, et les demoiselles, qu'est-ce que t'en fais ?

— Les demoiselles ! ah ! ah !

— Oui, les demoiselles, ousqu'on en trouve ici ?

— Des demoiselles ?

— Mais oui, des demoiselles ! »

Le garçon se rapprocha, baissa la voix :

« Vous demandez ousqu'est la maison ?

— Mais oui, parbleu !

— Vous prenez la deuxième rue à gauche et puis la première à droite. — C'est au 15.

— Merci, ma vieille. V'là pour toi.

— Merci, m'sieu. »

Et Varajou sortit en répétant : « Deuxième à gauche, première à droite. 15. » Mais au bout de quelques secondes, il pensa : « Deuxième à gauche, — oui — mais en sortant du café, fallait-il prendre à droite ou à gauche ? Bah ! tant pis, nous verrons bien. »

Et il marcha, tourna dans la seconde rue à gauche, puis dans la première à droite, et chercha le numéro 15. C'était une maison d'assez belle apparence, dont on voyait, derrière les volets clos, les fenêtres éclairées au premier étage. La porte d'entrée demeurait entrouverte, et une lampe brûlait dans le vestibule. Le sous-officier pensa :

« C'est bien ici. »

Il entra donc et, comme personne ne venait, il appela :

« Ohé ! ohé ! »

Une petite bonne apparut et demeura stupéfaite en apercevant un soldat. Il lui dit :

« Bonjour, mon enfant. Ces dames sont en haut ?

— Oui, monsieur.

— Au salon ?
— Oui, monsieur.
— Je n'ai qu'à monter ?
— Oui, monsieur.
— La porte en face ?
— Oui, monsieur. »

Il monta, ouvrit une porte et aperçut, dans une pièce bien éclairée par deux lampes, un lustre et deux candélabres à bougies, quatre dames décolletées qui semblaient attendre quelqu'un.

Trois d'entre elles, les plus jeunes, demeuraient assises d'un air un peu guindé, sur des sièges de velours grenat, tandis que la quatrième, âgée de quarante-cinq ans environ, arrangeait des fleurs dans un vase ; elle était très grosse, vêtue d'une robe de soie verte, qui laissait passer, pareille à l'enveloppe d'une fleur monstrueuse, ses bras énormes et son énorme gorge, d'un rose rouge poudrederizé.

Le sous-officier salua :

« Bonjour, mesdames. »

La vieille se retourna, parut surprise, mais s'inclina :

« Bonjour, monsieur. »

Il s'assit.

Mais, voyant qu'on ne semblait pas l'accueillir avec empressement, il songea que les officiers seuls étaient sans doute admis dans ce lieu ; et cette pensée le troubla. Puis il se dit : « Bah ! s'il en vient un, nous verrons bien. » Et il demanda :

« Alors, ça va bien ? »

La dame, la grosse, la maîtresse du logis sans doute, répondit :

« Très bien ! merci. »

Puis il ne trouva plus rien, et tout le monde se tut.

Cependant il eut honte, à la fin, de sa timidité, et riant d'un rire gêné :

« Eh bien, on ne rigole donc pas. Je paie une bouteille de vin... »

Il n'avait point fini sa phrase que la porte s'ouvrit de nouveau, et Padoie, en habit noir, apparut.

Alors Varajou poussa un hurlement d'allégresse et, se dressant, il sauta sur son beau-frère, le saisit dans ses bras et le fit danser tout autour du salon en hurlant : « V'là Padoie... V'là Padoie... V'là Padoie... »

Puis, lâchant le percepteur éperdu de surprise, il lui cria dans la figure :

« Ah ! ah ! ah ! farceur ! farceur... Tu fais donc la fête, toi... Ah ! farceur... Et ma sœur !... Tu la lâches, dis !... »

En songeant à tous les bénéfices de cette situation inespérée, à l'emprunt forcé, au chantage inévitable, il se jeta tout au long sur le canapé et se mit à rire si fort que tout le meuble en craquait.

Les trois jeunes dames, se levant d'un seul mouvement, se sauvèrent, tandis que la vieille reculait vers la porte, paraissait prête à défaillir.

Et deux messieurs apparurent, décorés, tous deux en habit. Padoie se précipita vers eux :

« Oh ! monsieur le président... il est fou... il est fou... On nous l'avait envoyé en convalescence... vous voyez bien qu'il est fou. »

Varajou s'était rassis, ne comprenant plus, devinant tout à coup qu'il avait fait quelque monstrueuse sottise. Puis il se leva, et se tournant vers son beau-frère :

« Où donc sommes-nous ici ? » demanda-t-il.

Mais Padoie, saisi soudain d'une colère folle, balbutia :

« Où... où.. où nous sommes ?... Malheureux... misérable... infâme... Où nous sommes ?... Chez monsieur le premier président !... chez monsieur le premier président de Mortemain... de Mortemain... de... de... de... de Mortemain... Ah !... ah !... canaille !... canaille !... canaille !... canaille !... »

LA CONFESSION

Quand le capitaine Hector-Marie de Fontenne épousa Mlle Laurine d'Estelle, les parents et amis jugèrent que cela ferait un mauvais ménage.

Mlle Laurine, jolie, mince, frêle, blonde et hardie, avait, à douze ans, l'assurance d'une femme de trente. C'était une de ces petites Parisiennes précoces qui semblent nées avec toute la science de la vie, avec toutes les ruses de la femme, avec toutes les audaces de pensée, avec cette profonde astuce et cette souplesse d'esprit qui font que certains êtres paraissent fatalement destinés, quoi qu'ils fassent, à jouer et à tromper les autres. Toutes leurs actions semblent préméditées, toutes leurs démarches calculées, toutes leurs paroles soigneusement pesées, leur existence n'est qu'un rôle qu'ils jouent vis-à-vis de leurs semblables.

Elle était charmante aussi ; très rieuse, rieuse à ne savoir se retenir ni se calmer quand une chose lui semblait amusante et drôle. Elle riait au nez des gens de la façon la plus impudente, mais avec tant de grâce qu'on ne se fâchait jamais.

Elle était riche, fort riche. Un prêtre servit d'intermédiaire pour lui faire épouser le capitaine de Fontenne. Élevé dans une maison religieuse, de la façon la plus austère, cet officier avait apporté au régiment des mœurs de cloître, des principes très raides et une intolérance complète. C'était un de ces hommes qui deviennent infailliblement des saints ou des nihilistes, chez qui les idées s'installent en maîtresses absolues ; dont les croyances sont inflexibles et les résolutions inébranlables.

C'était un grand garçon brun, sérieux, sévère, naïf, d'esprit simple, court et obstiné, un de ces hommes qui passent dans la vie sans jamais en comprendre les dessous, les nuances et les subtilités, qui ne devinent rien, ne soupçonnent rien, et n'admettent pas qu'on pense, qu'on juge, qu'on croie et qu'on agisse autrement qu'eux.

Mlle Laurine le vit, le pénétra tout de suite et l'accepta pour mari.

Ils firent un excellent ménage. Elle fut souple, adroite et sage, sachant se montrer telle qu'elle devait être, toujours prête aux bonnes œuvres et aux fêtes, assidue à l'église et au théâtre, mondaine et rigide, avec un petit air d'ironie, avec une lueur dans l'œil en causant gravement avec son grave époux. Elle lui racontait ses entreprises charitables avec tous les abbés de la paroisse et des environs, et elle profitait de ces pieuses occupations pour demeurer dehors du matin au soir.

Mais quelquefois, au milieu du récit de quelque acte de bienfaisance, un fou rire la saisissait tout d'un coup, un rire nerveux impossible à contenir. Le capitaine demeurait surpris, inquiet, un peu choqué en face de sa femme qui suffoquait. Quand elle s'était un peu calmée, il demandait : « Qu'est-ce que vous avez donc, Laurine ? » Elle répondait : « Ce n'est rien ! Le souvenir d'une drôle de chose qui m'est arrivée. » Et elle racontait une histoire quelconque.

Or, pendant l'été de 1883, le capitaine Hector de Fontenne prit part aux grandes manœuvres du 32e corps d'armée.

Un soir, comme on campait aux abords d'une ville, après dix jours de tente et de rase campagne, dix jours de fatigue et de privations, les camarades du capitaine résolurent de faire un bon dîner.

M. de Fontenne refusa d'abord de les accompagner ; puis, comme son refus les surprenait, il consentit.

Son voisin de table, le commandant de Favré, tout en causant des opérations militaires, seule chose qui passionnât le capitaine, lui versait à boire coup sur coup. Il avait fait très chaud dans le jour, une chaleur lourde, desséchante, altérante ; et le capitaine buvait sans y songer, sans s'apercevoir que, peu à peu, une gaieté nouvelle entrait en lui, une certaine joie vive, brûlante, un bonheur d'être, plein de désirs éveillés, d'appétits inconnus, d'attentes indécises.

Au dessert, il était gris. Il parlait, riait, s'agitait, saisi par une ivresse bruyante, une ivresse folle d'homme ordinairement sage et tranquille.

On proposa d'aller finir la soirée au théâtre ; il accompagna ses camarades. Un d'eux reconnut une actrice qu'il avait aimée ; et un souper fut organisé où assista une partie du personnel féminin de la troupe.

Le capitaine se réveilla le lendemain dans une chambre inconnue et dans les bras d'une petite femme blonde qui lui dit, en le voyant ouvrir les yeux : « Bonjour, mon gros chat ! »

Il ne comprit pas d'abord ; puis, peu à peu, ses souvenirs lui revinrent, un peu troublés cependant.

Alors il se leva sans dire un mot, s'habilla et vida sa bourse sur la cheminée.

Une honte le saisit quand il se vit debout, en tenue, sabre au côté, dans ce logis meublé, aux rideaux fripés, dont le canapé, marbré de taches, avait une allure suspecte, et il n'osait pas s'en aller, descendre l'escalier où il rencontrerait des gens, passer devant le concierge, et surtout sortir dans la rue sous les yeux des passants et des voisins.

La femme répétait sans cesse :

« Qu'est-ce qui te prend ? As-tu perdu ta langue ? Tu l'avais pourtant bien pendue hier soir ! En voilà un mufle ! »

Il la salua avec cérémonie, et, se décidant à la fuite, regagna son domicile à grands pas, persuadé qu'on devinait à ses manières, à sa tenue, à son visage, qu'il sortait de chez une fille.

Et le remords le tenailla, un remords harassant d'homme rigide et scrupuleux.

Il se confessa, communia : mais il demeurait mal à l'aise, poursuivi par le souvenir de sa chute et par le sentiment d'une dette, d'une dette sacrée contractée envers sa femme.

Il ne la revit qu'au bout d'un mois, car elle

avait été passer chez ses parents le temps des grandes manœuvres.

Elle vint à lui les bras ouverts, le sourire aux lèvres. Il la reçut avec une attitude embarrassée de coupable ; et jusqu'au soir, il s'abstint presque de lui parler.

Dès qu'ils se trouvèrent seuls, elle lui demanda :

« Qu'est-ce que vous avez donc, mon ami, je vous trouve très changé.«

Il répondit, d'un ton gêné :

« Mais je n'ai rien, ma chère, absolument rien.

— Pardon, je vous connais bien, et je suis sûre que vous avez quelque chose, un souci, un chagrin, un ennui, que sais-je ?

— Eh bien, oui, j'ai un souci.

— Ah ! et lequel ?

— Il m'est impossible de vous le dire.

— A moi ? Pourquoi ça ? Vous m'inquiétez.

— Je n'ai pas de raisons à vous donner. Il m'est impossible de vous le dire. »

Elle s'était assise sur une causeuse, et il marchait, lui, de long en large, les mains derrière le dos, en évitant le regard de sa femme. Elle reprit :

« Voyons, il faut alors que je vous confesse, c'est mon devoir, et que j'exige de vous la vérité ; c'est mon droit. Vous ne pouvez pas plus avoir de secret pour moi que je ne puis en avoir pour vous. »

Il prononça, tout en lui tournant le dos, encadré dans la haute fenêtre :

« Ma chère, il est des choses qu'il vaut mieux ne pas dire. Celle qui me tracasse est de ce nombre. »

Elle se leva, traversa la chambre, le prit par le

bras et, l'ayant forcé à se retourner, lui posa les deux mains sur les épaules, puis souriante, câline, les yeux levés :

« Voyons, Marie (elle l'appelait Marie aux heures de tendresse), vous ne pouvez me rien cacher. Je croirais que vous avez fait quelque chose de mal. »

Il murmura :

« J'ai fait quelque chose de très mal. »

Elle dit avec gaieté :

« Oh ! si mal que cela ? Ça m'étonne beaucoup de vous ! »

Il répondit vivement :

« Je ne vous dirai rien de plus. C'est inutile d'insister. »

Mais elle l'attira jusqu'au fauteuil, le força à s'asseoir dedans, s'assit elle-même sur sa jambe droite, et baisant d'un petit baiser léger, d'un baiser rapide, ailé, le bout frisé de sa moustache :

« Si vous ne me dites rien, nous serons fâchés pour toujours. »

Il murmura, déchiré par le remords et torturé d'angoisse :

« Si je vous disais ce que j'ai fait, vous ne me le pardonneriez jamais.

— Au contraire, mon ami, je vous pardonnerai tout de suite.

— Non, c'est impossible.

— Je vous le promets.

— Je vous dis que c'est impossible.

— Je vous jure de vous pardonner.

— Non, ma chère Laurine, vous ne le pourriez pas.

— Que vous êtes naïf, mon ami, pour ne pas dire niais ! En refusant de me dire ce que vous avez fait, vous me laisserez croire des choses abominables ; et j'y penserai toujours, et je vous en voudrai autant de votre silence que de votre forfait inconnu. Tandis que si vous parlez bien franchement, j'aurai oublié dès demain.

— C'est que...

— Quoi ? »

Il rougit jusqu'aux oreilles, et d'une voix sérieuse :

« Je me confesse à vous comme je me confesserais à un prêtre, Laurine. »

Elle eut sur les lèvres ce rapide sourire qu'elle prenait parfois en l'écoutant, et d'un ton un peu moqueur :

« Je suis tout oreilles. »

Il reprit :

« Vous savez, ma chère, comme je suis sobre. Je ne bois que de l'eau rougie, et jamais de liqueurs, vous le savez.

— Oui, je le sais.

— Eh bien, figurez-vous que, vers la fin des grandes manœuvres, je me suis laissé aller à boire un peu, un soir, étant très altéré, très fatigué, très las et...

— Vous vous êtes grisé ? Fi, que c'est laid !

— Oui, je me suis grisé. »

Elle avait pris un air sévère :

« Mais là, tout à fait grisé, avouez-le, grisé à ne plus marcher, dites ?

— Oh ! non, pas tant que ça. J'avais perdu la raison, mais non l'équilibre. Je parlais, je riais, j'étais fou. »

Comme il se taisait, elle demanda :

« C'est tout ?

— Non.
— Ah ! et... après ?
— Après... j'ai... j'ai commis une infamie. »

Elle le regardait, inquiète, un peu troublée, émue aussi.

« Quoi donc, mon ami ?
— Nous avons soupé avec... avec des actrices... et je ne sais comment cela s'est fait, je vous ai trompée, Laurine ! »

Il avait prononcé cela d'un ton grave, solennel.

Elle eut une petite secousse, et son œil s'éclaira d'une gaieté brusque, d'une gaieté profonde, irrésistible.

Elle dit :

« Vous... vous... vous m'avez... »

Et un petit rire sec, nerveux, cassé, lui glissa entre les dents par trois fois, qui lui coupait la parole.

Elle essayait de reprendre son sérieux ; mais chaque fois qu'elle allait prononcer un mot, le rire frémissait au fond de sa gorge, jaillissait, vite arrêté, repartant toujours, repartant comme le gaz d'une bouteille de champagne débouchée dont on ne peut retenir la mousse. Elle mettait la main sur ses lèvres pour se calmer, pour enfoncer dans sa bouche cette crise malheureuse de gaieté ; mais le rire lui coulait entre les doigts, lui secouait la poitrine, s'élançait malgré elle. Elle bégayait :

« Vous... vous... m'avez trompée... Ah !... ah ! ah ! ah !... ah ! ah ! ah ! »

Et elle le regardait d'un air singulier, si railleur, malgré elle, qu'il demeurait interdit, stupéfait.

Et tout d'un coup, n'y tenant plus, elle éclata... Alors elle se mit à rire, d'un rire qui ressemblait à une attaque de nerfs. De petits cris saccadés lui sortaient de la bouche, venus, semblait-il, du fond de la poitrine ; et, les deux mains appuyées sur le creux de son estomac, elle avait de longues quintes jusqu'à étouffer, comme les quintes de toux dans la coqueluche.

Et chaque effort qu'elle faisait pour se calmer amenait un nouvel accès, chaque parole qu'elle voulait dire la faisait se tordre plus fort.

« Mon... mon... mon... pauvre ami... Ah ! ah ! ah !... ah ! ah ! ah ! »

Il se leva, la laissant seule sur le fauteuil, et devenant soudain très pâle, il dit :

« Laurine, vous êtes plus qu'inconvenante. »

Elle balbutia, dans un délire de gaieté :

« Que... que voulez-vous... je... je... je ne peux pas... que... que vous êtes drôle... ah ! ah ! ah ! ah ! »

Il devenait livide et la regardait maintenant d'un œil fixe où une pensée étrange s'éveillait. Tout d'un coup, il ouvrit la bouche comme pour crier quelque chose, mais ne dit rien, tourna sur ses talons, et sortit en tirant la porte.

Laurine, pliée en deux, épuisée, défaillante, riait encore d'un rire mourant, qui se ranimait par moments comme la flamme d'un incendie presque éteint.

DIVORCE

Maître Bontran, le célèbre avocat parisien, celui qui depuis dix ans plaide et obtient toutes les séparations entre époux mal assortis, ouvrit la porte de son cabinet et s'effaça pour laisser passer le nouveau client.

C'était un gros homme rouge, à favoris blonds et drus, un homme ventru, sanguin et vigoureux. Il salua :

« Prenez un siège », dit l'avocat.

Le client s'assit et, après avoir toussé :

« Je viens vous demander, monsieur, de plaider pour moi dans une affaire de divorce.

— Parlez, monsieur, je vous écoute.

— Monsieur, je suis un ancien notaire.

— Déjà !

— Oui, déjà. J'ai trente-sept ans.

— Continuez.

— Monsieur, j'ai fait un mariage malheureux, très malheureux.

— Vous n'êtes pas le seul.

— Je le sais et je plains les autres ; mais mon cas est tout à fait spécial et mes griefs contre ma femme d'une nature très particulière. Mais je commence par le commencement. Je me suis marié d'une façon très bizarre. Croyez-vous aux idées dangereuses ?

— Qu'entendez-vous par là ?

— Croyez-vous que certaines idées soient aussi dangereuses pour certains esprits que le poison pour le corps ?

— Mais, oui, peut-être.

— Certainement. Il y a des idées qui entrent en nous, nous rongent, nous tuent, nous rendent fou, quand nous ne savons pas leur résister. C'est une sorte de phylloxera des âmes. Si nous avons le malheur de laisser une de ces pensées-là se glisser en nous, si nous ne nous apercevons pas dès le début qu'elle est une envahisseuse, une maîtresse, un tyran, qu'elle s'étend heure par heure, jour par jour, qu'elle revient sans cesse, s'installe, chasse toutes nos préoccupations ordinaires, absorbe toute notre attention et change l'optique de notre jugement, nous sommes perdus.

« Voici donc ce qui m'est arrivé, monsieur. Comme je vous l'ai dit, j'étais notaire à Rouen, et un peu gêné, non pas pauvre, mais pauvret, mais soucieux, forcé à une économie de tous les instants, obligé de limiter tous mes goûts, oui, tous ! et c'est dur à mon âge.

« Comme notaire, je lisais avec grand soin les annonces des quatrièmes pages des journaux, les offres et demandes, les petites correspondances, etc., etc., et il m'était arrivé plusieurs fois, par ce moyen, de faire faire à quelques clients des mariages avantageux.

« Un jour, je tombe sur ceci :

« Demoiselle jolie, bien élevée, comme il faut, « épouserait un homme honorable et lui apporterait « deux millions cinq cent mille francs bien nets. « Rien des agences. »

« Or, justement, ce jour-là, je dînais avec deux amis, un avoué et un filateur. Je ne sais comment la conversation vint à tomber sur les mariages, et je leur parlai, en riant, de la demoiselle aux deux millions cinq cent mille francs.

« Le filateur dit : « Qu'est-ce que c'est que ces « femmes-là ? »

« L'avoué plusieurs fois avait vu des mariages excellents conclus dans ces conditions, et il donna des détails ; puis il ajouta, en se tournant vers moi :

« — Pourquoi diable ne vois-tu pas ça pour toi-« même ? Cristi, ça t'en enlèverait des soucis, deux « millions cinq cent mille francs. »

« Nous nous mîmes à rire tous les trois, et on parla d'autre chose.

« Une heure plus tard je rentre chez moi.

« Il faisait froid cette nuit-là. J'habitais d'ailleurs une vieille maison, une de ces vieilles maisons de province qui ressemblent à des champignonnières. En posant la main sur la rampe de fer de l'escalier, un frisson glacé m'entra dans le bras, et comme j'étendais l'autre pour trouver le mur, je sentis, en le rencontrant, un second frisson m'envahir, plus humide, celui-là, et ils se joignirent dans ma poitrine, m'emplirent d'angoisse, de tristesse et d'énervement. Et je murmurai, saisi par un brusque souvenir :

« — Sacristi, si je les avais, les deux millons cinq « cent mille ! »

Ma chambre était lugubre, une chambre de garçon rouennais faite par une bonne chargée aussi de la cuisine. Vous la voyez d'ici, cette chambre ! un grand lit sans rideaux, une armoire, une commode, une toilette, pas de feu. Des habits sur les chaises, des papiers par terre. Je me mis à chantonner, sur un air de café-concert, car je fréquente quelquefois ces endroits-là :

Deux millions,
Deux millions
Sont bons
Avec cinq cent mille
Et femme gentille.

« Au fait, je n'avais pas encore pensé à la femme et j'y songeai tout à coup en me glissant dans mon lit. J'y songeai même si bien que je fus longtemps à m'endormir.

« Le lendemain, en ouvrant les yeux, avant le jour, je me rappelai que je devais me trouver à huit heures à Darnétal pour une affaire importante. Il fallait donc me lever à six heures — et il gelait. Cristi de cristi, les deux millions cinq cent mille !

« Je revins à mon étude vers dix heures. Il y avait là-dedans une odeur de poêle rougi, de vieux papiers, l'odeur des papiers de procédure avancés — rien ne pue comme ça — et une odeur de clercs — bottes, redingotes, chemises, cheveux et peau, peau d'hiver peu lavée, le tout chauffé à dix-huit degrés.

« Je déjeunai, comme tous les jours, d'une côtelette brûlée et d'un morceau de fromage. Puis je me remis au travail.

« C'est alors que je pensai très sérieusement pour la première fois à la demoiselle aux deux millions cinq cent mille. Qui était-ce ? Pourquoi ne pas écrire ? Pourquoi ne pas savoir ?

« Enfin, monsieur, j'abrège. Pendant quinze jours cette idée me hanta, m'obséda, me tortura. Tous mes ennuis, toutes les petites misères dont je souffrais sans cesse, sans les noter jusque-là, presque sans m'en apercevoir, me piquaient à présent comme des coups d'aiguille, et chacune de ces petites souffrances me faisait songer aussitôt à la demoiselle aux deux millions cinq cent mille.

« Je finis par imaginer toute son histoire. Quand on désire une chose, monsieur, on se la figure telle qu'on l'espère.

« Certes, il n'était pas très naturel qu'une jeune fille de bonne famille, dotée d'une façon aussi convenable, cherchât un mari par la voie des journaux. Cependant, il se pouvait faire que cette fille fût honorable et malheureuse.

« D'abord, cette fortune de deux millions cinq cent mille francs ne m'avait pas ébloui comme une chose féerique. Nous sommes habitués, nous autres qui lisons toutes les offres de cette nature, à des propositions de mariage accompagnées de six, huit, dix ou même douze millions. Le chiffre de douze millions est même assez commun. Il plaît. Je sais bien que nous ne croyons guère à la réalité de ces promesses. Elles nous font cependant entrer dans l'esprit ces nombres fantastiques, rendent vraisemblables jusqu'à un certain point, pour notre crédulité inattentive, les sommes prodigieuses qu'ils représentent et nous disposent à considérer une dot de deux millions cinq cent mille francs comme très possible, très morale.

« Donc, une jeune fille, enfant naturelle d'un parvenu et d'une femme de chambre, ayant hérité brusquement de son père, avait appris du même coup la tache de sa naissance, et pour ne pas avoir à la dévoiler à quelque homme qui l'aurait aimée, faisait appel aux inconnus par un moyen fort usité qui comportait en lui-même une sorte d'aveu de tare originelle.

« Ma supposition était stupide. Je m'y attachai cependant. Nous autres, notaires, nous ne devrions jamais lire de romans ; et j'en ai lu, monsieur.

« Donc j'écrivis, comme notaire, au nom d'un client, et j'attendis.

« Cinq jours plus tard, vers trois heures de l'après-midi, j'étais en train de travailler dans mon cabinet, quand le maître clerc m'annonça :

« — Mlle Chantefrise.

« — Faites entrer. »

Alors apparut une femme d'environ trente ans, un peu forte, brune, l'air embarrassé.

« — Asseyez-vous, mademoiselle. »

« Elle s'assit et murmura :

« — C'est moi, monsieur.

« — Mais, mademoiselle, je n'ai pas l'honneur de « vous connaître.

« — La personne à qui vous avez écrit.

« — Pour un mariage ?

« — Oui, monsieur.

« — Ah ! très bien !

« — Je suis venue moi-même, parce qu'on fait « mieux les choses en personne.

« — Je suis de votre avis, mademoiselle. Donc « vous désirez vous marier ?

« — Oui, monsieur.

« — Vous avez de la famille ? »

« Elle hésita, baissa les yeux et balbutia :

« — Non, monsieur... Ma mère... et mon père... « sont morts... »

« Je tressaillis. — donc j'avais deviné juste —, et une vive sympathie s'éveilla brusquement dans mon cœur pour cette pauvre créature. Je n'insistai pas pour ménager sa sensibilité, et je repris :

« — Votre fortune est bien nette ? »

Elle répondit, cette fois, sans hésiter :

« — Oh ! oui, monsieur. »

« Je la regardais avec grande attention, et vraiment, elle ne me déplaisait pas, bien qu'un peu mûre, plus mûre que je n'avais pensé. C'était une belle personne, une forte personne, une maîtresse femme. Et l'idée me vint de lui jouer une jolie petite comédie de sentiment, de devenir amoureux d'elle, de supplanter mon client imaginaire, quand je me serais assuré que la dot n'était pas illusoire. Je lui parlai de ce client que je dépeignis comme un homme triste, très honorable, un peu malade.

« Elle dit vivement :

« — Oh ! monsieur, j'aime les gens bien portants.

« — Vous le verrez, d'ailleurs, mademoiselle, « mais pas avant trois ou quatre jours, car il est « parti hier pour l'Angleterre.

« — Oh ! que c'est ennuyeux, dit-elle.

« — Mon Dieu, oui et non. Êtes-vous pressée de « retourner chez vous ?

« — Pas du tout.

« — Eh bien, restez ici. Je m'efforcerai de vous « faire passer le temps.

« — Vous êtes trop aimable, monsieur.

« — Vous êtes descendue à l'hôtel ? »

« Elle nomma le premier hôtel de Rouen.

« — Eh bien, mademoiselle, voulez-vous permet- « tre à votre futur... notaire de vous offrir à dîner, « ce soir ? »

« Elle parut hésiter, inquiète, indécise ; puis elle se décida :

« — Oui, monsieur.

« — Je vous prendrai chez vous à sept heures.

« — Oui, monsieur.

« — Alors, à ce soir, mademoiselle ?

« — Oui, monsieur. »

« Et je la reconduisis jusqu'à ma porte.

« A sept heures, j'étais chez elle. Elle avait fait des frais de toilette pour moi et me reçut d'une façon très coquette.

« Je l'emmenai dîner dans un restaurant où j'étais connu, et je commandai un menu troublant.

« Une heure plus tard, nous étions très amis, et elle me contait son histoire. Fille d'une grande dame séduite par un gentilhomme, elle avait été élevée chez des paysans. Elle était riche à présent, ayant hérité de grosses sommes de son père et de sa mère, dont elle ne dirait jamais les noms, jamais. Il était inutile de les lui demander, inutile de la supplier, elle ne les dirait pas. Comme je tenais peu à les savoir, je l'interrogeai sur sa fortune. Elle en parla aussitôt en femme pratique, sûre d'elle, sûre des chiffres, des titres, des revenus, des intérêts et des placements. Sa compétence en cette matière me donna aussitôt une grande confiance en elle, et je devins galant, avec réserve cependant ; mais je lui montrai clairement que j'avais du goût pour elle.

« Elle marivauda, non sans grâce. Je lui offris du champagne, et j'en bus, ce qui me troubla les idées. Je sentis alors clairement que j'allais devenir entreprenant, et j'eus peur, peur de moi, peur d'elle, peur qu'elle ne fût aussi un peu émue et qu'elle ne succombât. Pour me calmer, je recommençai à lui parler de sa dot, qu'il faudrait établir d'une façon précise, car mon client était homme d'affaires.

« Elle répondit avec gaieté :

« — Oh ! je sais. J'ai apporté toutes les preuves.

« — Ici, à Rouen ?

« — Oui, à Rouen.

« — Vous les avez à l'hôtel ?

« — Mais oui.

« — Pouvez-vous me les montrer ?

« — Mais oui.

« — Ce soir ?

« — Mais oui. »

« Cela me sauvait de toutes les façons. Je payai l'addition, et nous voici rentrant chez elle.

« Elle avait, en effet, apporté tous ses titres. Je ne pouvais douter, je les tenais, je les palpais, je les lisais. Cela me mit une telle joie au cœur que je fus pris aussitôt d'un violent désir de l'embrasser. Je m'entends, d'un désir chaste, d'un désir d'homme content. Et je l'embrassai, ma foi. Une fois, deux fois, dix fois... si bien que... le champagne aidant... je succombai... ou plutôt... non... elle succomba.

« Ah ! monsieur, j'en fis une tête, après cela... et elle donc ! Elle pleurait comme une fontaine, en me suppliant de ne pas la trahir, de ne pas la perdre. Je promis tout ce qu'elle voulut, et je m'en allai dans un état d'esprit épouvantable.

« Que faire ? J'avais abusé de ma cliente. Cela n'eût été rien si j'avais eu un client pour elle, mais je n'en avais pas. C'était moi, le client, le client naïf, le client trompé, trompé par lui-même. Quelle situation ! Je pouvais la lâcher, c'est vrai. Mais la dot, la belle dot, la bonne dot, palpable, sûre ! Et puis avais-je le droit de la lâcher, la pauvre fille, après l'avoir ainsi surprise ? Mais que d'inquiétudes plus tard !

« Combien peu de sécurité avec une femme qui succombait ainsi !

« Je passai une nuit terrible d'indécision, torturé de remords, ravagé de craintes, ballotté par tous les scrupules. Mais, au matin, ma raison s'éclaircit. Je m'habillai avec recherche et je me présentai, comme onze heures sonnaient, à l'hôtel qu'elle habitait.

« En me voyant, elle rougit jusqu'aux yeux.

« Je lui dis :

« — Mademoiselle, je n'ai plus qu'une chose à « faire pour réparer nos torts. Je vous demande « votre main. »

« Elle balbutia :

« — Je vous la donne. »

« Je l'épousai.

« Tout alla bien pendant six mois.

« J'avais cédé mon étude, je vivais en rentier, et vraiment je n'avais pas un reproche, mais pas un seul à adresser à ma femme.

« Cependant je remarquai peu à peu que, de temps en temps, elle faisait de longues sorties. Cela arrivait à jour fixe, une semaine le mardi, l'autre semaine le vendredi. Je me crus trompé, je la suivis.

« C'était un mardi. Elle sortit à pied vers une heure, descendit la rue de la République, tourna à droite, par la rue qui suit le palais archiépiscopal, prit la rue Grand-Pont jusqu'à la Seine, longea le quai jusqu'au pont de Pierre, traversa l'eau. A partir de ce moment, elle parut inquiète, se retournant souvent, épiant tous les passants.

« Comme je m'étais costumé en charbonnier, elle ne me reconnut pas.

« Enfin, elle entra dans la gare de la rive gauche ; je ne doutais plus, son amant allait arriver par le train d'une heure quarante-cinq.

« Je me cachai derrière un camion et j'attendis. Un coup de sifflet... un flot de voyageurs... Elle s'avance, s'élance, saisit dans ses bras une petite fille de trois ans qu'une grosse paysanne accompagne, et l'embrasse avec passion. Puis elle se retourne, aperçoit un autre enfant, plus jeune, fille ou garçon, porté par une autre campagnarde, se jette dessus, l'étreint avec violence, et s'en va, escortée des deux mioches et des deux bonnes, vers la longue et sombre et déserte promenade du Cours-la-Reine.

« Je rentrai effaré, l'esprit en détresse, comprenant et ne comprenant pas, n'osant point deviner.

« Quand elle revint pour dîner, je me jetai vers elle, hurlant :

« — Quels sont ces enfants ?

« — Quels enfants ?

« — Ceux que vous attendiez au train de Saint-
« Sever ? »

Elle poussa un grand cri et s'évanouit. Quand elle revint à elle, elle me confessa, dans un déluge de larmes, qu'elle en avait quatre. Oui, monsieur, deux pour le mardi, deux filles, et deux pour le vendredi, deux garçons.

« Et c'était là — quelle honte ! — c'était là l'origine de sa fortune. — Les quatre pères !... Elle avait amassé sa dot.

« Maintenant, monsieur, que me conseillez-vous de faire ? »

L'avocat répondit avec gravité :

« Reconnaître vos enfants, monsieur. »

LA REVANCHE

SCÈNE PREMIÈRE

M. DE GARELLE, seul, au fond d'un fauteuil.

Me voici à Cannes, en garçon, drôle de chose. Je suis garçon ! A Paris, je ne m'en apercevais guère. En voyage, c'est autre chose. Ma foi, je ne m'en plains pas.

Et ma femme est remariée !

Est-il heureux, lui, mon successeur, plus heureux que moi ? Quel imbécile ça doit être pour l'avoir épousée après moi ! Au fait, je n'étais pas moins sot pour l'avoir épousée le premier. Elle avait des qualités, pourtant, des qualités... physiques... considérables, mais aussi des tares morales importantes.

Quelle rouée, et quelle menteuse, et quelle coquette, et quelle charmeuse, pour ceux qui ne l'avaient point épousée ! Étais-je cocu ? Cristi ! quelle torture de se demander cela du matin au soir sans obtenir de certitude !

En ai-je fait des marches et des démarches pour l'épier, sans rien savoir ! Dans tous les cas, si j'étais cocu, je ne le suis plus, grâce à Naquet. Comme c'est facile tout de même, le divorce ! Ça m'a coûté une cravache de dix francs et une courbature dans le bras droit, sans compter le plaisir de taper à cœur que veux-tu sur une femme que je soupçonnais fortement de me tromper !

Quelle pile ! quelle pile !...

Il se lève en riant et fait quelques pas, puis se rassied.

Il est vrai que le jugement a été prononcé à son bénéfice et à mon préjudice — mais quelle pile !

Maintenant, je vais passer l'hiver dans le Midi, en garçon ! Quelle chance ! N'est-ce pas charmant de voyager avec l'éternel espoir de l'amour qui rôde ? Que vais-je rencontrer, dans cet hôtel, tout à l'heure, ou sur la Croisette, ou dans la rue peut-être ? Où est-elle, celle qui m'aimera demain et que j'aimerai ? Comment seront ses yeux, ses lèvres, ses cheveux, son sourire ? Comment sera-t-elle, la première femme qui me tendra sa bouche et que j'envelopperai dans mes bras ? Brune ou blonde ? grande ou petite ? rieuse ou sévère ? grasse ou... ? Elle sera grasse !

Oh ! comme je plains ceux qui ne connaissent pas, qui ne connaissent plus le charme exquis de l'attente ! La vraie femme que j'aime, moi, c'est l'Inconnue, l'Espérée, la Désirée, celle qui hante mon cœur sans que mes yeux aient vu sa forme, et dont la séduction s'accroît de toutes les perfections rêvées. Où est-elle ? Dans cet hôtel, derrière cette porte ? Dans une des chambres de cette maison, tout près, ou loin encore ? Qu'importe, pourvu que je la désire, pourvu que je sois certain de la rencontrer ! Et je la rencontrerai assurément aujourd'hui ou demain, cette semaine ou la suivante, tôt ou tard ; mais il faudra bien que je la trouve !

Et j'aurai, tout entière, la joie délicieuse du premier baiser, des premières caresses, toute la griserie des découvertes amoureuses, tout le mystère de l'inexploré aussi charmants, le premier jour, qu'une virginité conquise ! Oh ! les imbéciles qui ne comprennent pas l'adorable sensation des voiles levés pour la première fois. Oh ! les imbéciles qui se marient... car... ces voiles-là... il ne faut pas les lever trop souvent... sur le même spectacle...

Tiens, une femme !...

Une femme traverse le fond du promenoir, élégante, fine, la taille cambrée.

Bigre, elle a de la taille, et de l'allure. Tâchons de voir... la tête.

Elle passe près de lui sans l'apercevoir, enfoncé dans son fauteuil. Il murmure :

Sacré nom d'un chien, c'est ma femme ! ma femme, ou plutôt non, la femme de Chantever. Elle est jolie tout de même, la gueuse...

Est-ce que je vais avoir envie de la répouser maintenant ?... Bon, elle s'est assise et elle prend *Gil Blas.* Faisons le mort.

Ma femme ! Quel drôle d'effet ça m'a produit. Ma

femme ! Au fait, voici un an, plus d'un an qu'elle n'a été ma femme... Oui, elle avait des qualités physiques... considérables ; quelle jambe ! J'en ai des frissons rien que d'y penser. Et une poitrine, d'un fini. Ouf ! Dans les premiers temps nous jouions à l'exercice — gauche — droite — gauche — droite — quelle poitrine ! Gauche ou droite, ça se valait.

Mais quelle teigne... au moral !

A-t-elle eu des amants ? En ai-je souffert de ce doute-là ? Maintenant, zut ! ça ne me regarde plus.

Je n'ai jamais vu une créature plus séduisante quand elle entrait au lit. Elle avait une manière de sauter dessus et de se glisser dans les draps...

Bon, je vais redevenir amoureux d'elle...

Si je lui parlais ?... Mais que lui dirais-je ?

Et puis elle va crier *au secours*, au sujet de la pile ! Quelle pile ! J'ai peut-être été un peu brutal tout de même.

Si je lui parlais ? Ça serait drôle, et crâne, après tout. Sacrebleu, oui, je lui parlerai, et même si je suis vraiment fort... Nous verrons bien...

SCÈNE II

Il s'approche de la jeune femme qui lit avec attention « Gil Blas », et d'une voix douce :

— Me permettez-vous, madame, de me rappeler à votre souvenir ?

Mme de Chantever lève brusquement la tête, pousse un cri, et veut s'enfuir. Il lui barre le chemin, et humblement :

Vous n'avez rien à craindre, madame, je ne suis plus votre mari.

MME DE CHANTEVER. — Oh ! vous osez ? Après... après ce qui s'est passé !

M. DE GARELLE. — J'ose... et je n'ose pas... Enfin... Expliquez ça comme vous voudrez. Quand je vous ai aperçue, il m'a été impossible de ne pas venir vous parler.

MME DE CHANTEVER. — J'espère que cette plaisanterie est terminée, n'est-ce pas ?

M. DE GARELLE. — Ce n'est point une plaisanterie, madame.

MME DE CHANTEVER. — Une gageure, alors, à moins que ce ne soit une simple insolence. D'ailleurs, un homme qui frappe une femme est capable de tout.

M. DE GARELLE. — Vous êtes dure, madame. Vous ne devriez pas cependant, me semble-t-il, me reprocher aujourd'hui un emportement que je regrette d'ailleurs. J'attendais plutôt, je l'avoue, des remerciements de votre part.

MME DE CHANTEVER, *stupéfaite*. — Ah çà, vous êtes fou ? ou bien vous vous moquez de moi comme un rustre.

M. DE GARELLE. — Nullement, madame, et pour ne pas me comprendre, il faut que vous soyez fort malheureuse.

MME DE CHANTEVER. — Que voulez-vous dire ?

M. DE GARELLE. — Que si vous étiez heureuse avec celui qui a pris ma place, vous me seriez reconnaissante de ma violence qui vous a permis cette nouvelle union.

MME DE CHANTEVER. — C'est pousser trop loin la plaisanterie, monsieur. Veuillez me laisser seule.

M. DE GARELLE. — Pourtant, madame, songez-y, si je n'avais point commis l'infamie de vous frapper, nous traînerions encore aujourd'hui notre boulet...

MME DE CHANTEVER, *blessée.* — Le fait est que vous m'avez rendu là un rude service !

M. DE GARELLE. — N'est-ce pas ? Un service qui mérite mieux que votre accueil de tout à l'heure.

MME DE CHANTEVER. — C'est possible. Mais votre figure m'est si désagréable...

M. DE GARELLE. — Je n'en dirai pas autant de la vôtre.

MME DE CHANTEVER. — Vos galanteries me déplaisent autant que vos brutalités.

M. DE GARELLE. — Que voulez-vous, madame, je n'ai plus le droit de vous battre : il faut bien que je me montre aimable.

MME DE CHANTEVER. — Ça, c'est franc, du moins. Mais si vous voulez être vraiment aimable, vous vous en irez.

M. DE GARELLE. — Je ne pousse pas encore si loin que ça le désir de vous plaire.

MME DE CHANTEVER. — Alors, quelle est votre prétention ?

M. DE GARELLE. — Réparer mes torts, en admettant que j'en ai eu.

MME DE CHANTEVER, *indignée.* — Comment ? en admettant que vous en ayez eu ? Mais vous perdez la tête. Vous m'avez rouée de coups et vous trouvez peut-être que vous vous êtes conduit envers moi le mieux du monde.

M. DE GARELLE. — Peut-être !

MME DE CHANTEVER. — Comment ? Peut-être ?

M. DE GARELLE. — Oui, madame. Vous connaissez

la comédie qui s'appelle *Le Mari cocu, battu et content*. Eh bien, ai-je été ou n'ai-je pas été cocu, tout est là ! Dans tous les cas, c'est vous qui avez été battue, et pas contente...

MME DE CHANTEVER, *se levant*. — Monsieur, vous m'insultez.

M. DE GARELLE, *vivement*. — Je vous en prie, écoutez-moi une minute. J'étais jaloux, très jaloux, ce qui prouve que je vous aimais. Je vous ai battue, ce qui le prouve davantage encore, et battue très fort, ce qui le démontre victorieusement. Or, si vous avez été fidèle, et battue, vous êtes vraiment à plaindre, tout à fait à plaindre, je le confesse, et...

MME DE CHANTEVER. — Ne me plaignez pas.

M. DE GARELLE. — Comment l'entendez-vous ? On peut le comprendre de deux façons. Cela veut dire, soit que vous méprisez ma pitié, soit qu'elle est imméritée. Or, si la pitié dont je vous reconnais digne est imméritée, c'est que les coups... les coups violents que vous avez reçus de moi étaient plus que mérités.

MME DE CHANTEVER. — Prenez-le comme vous voudrez.

M. DE GARELLE. — Bon. Je comprends. Donc j'étais avec vous, madame, un mari cocu.

MME DE CHANTEVER. — Je ne dis pas cela.

M. DE GARELLE. — Vous le laissez entendre.

MME DE CHANTEVER. — Je laisse entendre que je ne veux pas de votre pitié.

M. DE GARELLE. — Ne jouons pas sur les mots et avouez-moi franchement que j'étais...

MME DE CHANTEVER. — Ne prononcez point ce mot infâme, qui me révolte et me dégoûte.

M. DE GARELLE. — Je vous passe le mot. Mais avouez la chose.

MME DE CHANTEVER. — Jamais. Ça n'est pas vrai.

M. DE GARELLE. — Alors je vous plains de tout mon cœur et la proposition que j'allais vous faire n'a plus de raison d'être.

MME DE CHANTEVER. — Quelle proposition ?

M. DE GARELLE. — Il est inutile de vous la dire, puisqu'elle ne peut exister que si vous m'aviez trompé.

MME DE CHANTEVER. — Eh bien, admettez un moment que je vous aie trompé.

M. DE GARELLE. — Cela ne suffit pas. Il me faut un aveu.

MME DE CHANTEVER. — Je l'avoue.

M. DE GARELLE. — Cela ne me suffit pas. Il me faut des preuves.

MME DE CHANTEVER, *souriant.* — Vous en demandez trop, à la fin.

M. DE GARELLE. — Non, madame. J'allais vous faire, vous disais-je, une proposition grave, très grave, sans quoi je ne serais point venu vous trouver ainsi après ce qui s'est passé entre nous, de vous à moi, d'abord, et de moi à vous ensuite. Cette proposition, qui peut avoir pour nous deux les conséquences les plus sérieuses, demeurerait sans valeur si je n'avais pas été trompé par vous.

MME DE CHANTEVER. — Vous êtes surprenant. Mais que voulez-vous de plus ? Je vous ai trompé, na.

M. DE GARELLE. — Il me faut des preuves.

MME DE CHANTEVER. — Mais quelles preuves voulez-vous que je vous donne ? Je n'en ai pas sur moi, ou plutôt je n'en ai plus.

M. de Garelle. — Peu importe où elles soient. Il me les faut.

Mme de Chantever. — Mais on n'en peut pas garder, des preuves, de ces choses-là... et..., à moins d'un flagrant délit... *(Après un silence.)* Il me semble que ma parole devrait vous suffire.

M. de Garelle, *s'inclinant.* — Alors, vous êtes prête à le jurer.

Mme de Chantever, *levant la main.* — Je le jure.

M. de Garelle, *sérieux.* — Je vous crois, madame. Et avec qui m'avez-vous trompé ?

Mme de Chantever. — Oh ! mais, vous en demandez trop, à la fin.

M. de Garelle. — Il est indispensable que je sache son nom.

Mme de Chantever. — Il m'est impossible de vous le dire.

M. de Garelle. — Pourquoi ça ?

Mme de Chantever. — Parce que je suis une femme mariée.

M. de Garelle. — Eh bien ?

Mme de Chantever. — Et le secret professionnel ?

M. de Garelle. — C'est juste.

Mme de Chantever. — D'ailleurs, c'est avec M. de Chantever que je vous ai trompé.

M. de Garelle. — Ça n'est pas vrai.

Mme de Chantever. — Pourquoi ça ?...

M. de Garelle. — Parce qu'il ne vous aurait pas épousée.

Mme de Chantever. — Insolent ! Et cette proposition ?...

M. de Garelle. — La voici. Vous venez d'avouer que j'ai été, grâce à vous, un de ces êtres ridicules, toujours bafoués, quoi qu'ils fassent, comiques s'ils se taisent, et plus grotesques encore s'ils se fâchent, qu'on nomme des maris trompés. Eh bien, madame, il est indubitable que les quelques coups de cravache reçus par vous sont loin de compenser l'outrage et le dommage conjugal que j'ai éprouvés de votre fait, et il est non moins indubitable que vous me devez une compensation plus sérieuse et d'une autre nature, maintenant que je ne suis plus votre mari.

MME DE CHANTEVER. — Vous perdez la tête. Que voulez-vous dire ?

M. DE GARELLE. — Je veux dire, madame, que vous devez me rendre aujourd'hui les heures charmantes que vous m'avez volées quand j'étais votre époux, pour les offrir à je ne sais qui.

MME DE CHANTEVER. — Vous êtes fou.

M. DE GARELLE. — Nullement. Votre amour m'appartenait, n'est-ce pas ? Vos baisers m'étaient dus, tous vos baisers, sans exception. Est-ce vrai ? Vous en avez distrait une partie au bénéfice d'un autre ! Eh bien, il importe, il m'importe que la restitution ait lieu, restitution sans scandale, restitution secrète, comme on fait pour les vols honteux.

MME DE CHANTEVER. — Mais pour qui me prenez-vous ?

M. DE GARELLE. — Pour la femme de M. de Chantever.

MME DE CHANTEVER. — Ça, par exemple, c'est trop fort.

M. DE GARELLE. — Pardon, celui qui m'a trompé vous a bien prise pour la femme de M. de Garelle. Il est juste que mon tour arrive. Ce qui est trop fort, c'est de refuser de rendre ce qui est légitimement dû.

Mme de Chantever. — Et si je disais oui... vous pourriez...

M. de Garelle. — Mais certainement.

Mme de Chantever. — Alors, à quoi aurait servi le divorce ?

M. de Garelle. — A raviver notre amour.

Mme de Chantever. — Vous ne m'avez jamais aimée.

M. de Garelle. — Je vous en donne pourtant une rude preuve.

Mme de Chantever. — Laquelle ?

M. de Garelle. — Comment ? Laquelle ? Quand un homme est assez fou pour proposer à une femme de l'épouser d'abord et de devenir son amant ensuite, cela prouve qu'il aime ou je ne m'y connais pas en amour.

Mme de Chantever. — Oh ! ne confondons pas. Épouser une femme prouve l'amour ou le désir, mais la prendre comme maîtresse ne prouve rien... que le mépris. Dans le premier cas, on accepte toutes les charges, tous les ennuis, et toutes les responsabilités de l'amour ; dans le second cas, on laisse ces fardeaux au légitime propriétaire et on ne garde que le plaisir, avec la faculté de disparaître le jour où la personne aura cessé de plaire. Cela ne se ressemble guère.

M. de Garelle. — Ma chère amie, vous raisonnez fort mal. Quand on aime une femme, on ne devrait pas l'épouser, parce qu'en l'épousant on est sûr qu'elle vous trompera, comme vous avez fait à mon égard. La preuve est là. Tandis qu'il est indiscutable qu'une maîtresse reste fidèle à son amant avec tout l'acharnement qu'elle met à tromper son mari. Est-ce pas vrai ? Si vous voulez qu'un lien indissoluble se lie entre une femme et vous, faites-la épouser par un autre, le mariage n'est qu'une ficelle qu'on coupe à volonté, et devenez l'amant de cette femme : l'amour libre est une chaîne qu'on ne brise pas. — Nous avons coupé la ficelle, je vous offre la chaîne.

MME DE CHANTEVER. — Vous êtes drôle. Mais je refuse.

M. DE GARELLE. — Alors je préviendrai M. de Chantever.

MME DE CHANTEVER. — Vous le préviendrez de quoi ?

M. DE GARELLE. — Je lui dirai que vous m'avez trompé !

MME DE CHANTEVER. — Que je vous ai trompé... Vous...

M. DE GARELLE. — Oui, quand vous étiez ma femme.

MME DE CHANTEVER. — Eh bien ?

M. DE GARELLE. — Eh bien, il ne vous le pardonnera pas.

MME DE CHANTEVER. — Lui ?

M. DE GARELLE. — Parbleu ! Ça n'est pas fait pour le rassurer.

MME DE CHANTEVER, *riant*. — Ne faites pas ça, Henry.

Une voix dans l'escalier appelant Mathilde.

MME DE CHANTEVER, *bas*. — Mon mari ! Adieu.

M. de Garelle, *se levant.* — Je vais vous conduire près de lui et me présenter.

Mme de Chantever. — Ne faites pas ça.

M. de Garelle. — Vous allez voir.

Mme de Chantever. — Je vous en prie.

M. de Garelle. — Alors acceptez la chaîne.

La voix. — Mathilde !

Mme de Chantever. — Laissez-moi.

M. de Garelle. — Où vous reverrai-je ?

Mme de Chantever. — Ici, — ce soir — après dîner.

M. de Garelle, *lui baisant la main.* — Je vous aime...

Elle se sauve.

M. de Garelle retourne doucement à son fauteuil et se laisse tomber dedans.

Eh bien, vrai. J'aime mieux ce rôle-là que le précédent. C'est qu'elle est charmante, tout à fait charmante, et bien plus charmante encore depuis que j'ai entendu la voix de M. de Chantever l'appeler comme ça « Mathilde », avec ce ton de propriétaire qu'ont les maris.

L'ODYSSÉE D'UNE FILLE

OUI, le souvenir de ce soir-là ne s'effacera jamais. J'ai eu, pendant une demi-heure, la sinistre sensation de la fatalité invincible ; j'ai éprouvé ce frisson qu'on a en descendant aux puits des mines. J'ai touché ce fond noir de la misère humaine ; j'ai compris l'impossibilité de la vie honnête pour quelques-uns.

Il était minuit passé. J'allais du Vaudeville à la rue Drouot, suivant d'un pas pressé le boulevard où couraient des parapluies. Une poussière d'eau voltigeait plutôt qu'elle ne tombait, voilant les becs de gaz, attristant la rue. Le trottoir luisait, gluant plus que mouillé. Les gens pressés ne regardaient rien.

Les filles, la jupe relevée, montrant leurs jambes, laissant entrevoir un bas blanc à la lueur terne de la lumière nocturne, attendaient dans l'ombre des portes, appelaient, ou bien passaient pressées, hardies, vous jetant à l'oreille deux mots obscurs et stupides. Elles suivaient l'homme quelques secondes, se serrant contre lui, lui soufflant au visage leur haleine putride ; puis, voyant inutiles leurs exhortations, elles le quittaient d'un mouvement brusque et mécontent, et se remettaient à marcher en frétillant des hanches.

J'allais, appelé par toutes, pris par la manche, harcelé et soulevé de dégoût. Tout à coup, j'en vis trois qui couraient comme affolées, jetant aux autres quelques paroles rapides. Et les autres aussi se mettaient à courir, à fuir, tenant à pleines mains leurs robes pour aller plus vite. On donnait ce jour-là un coup de filet à la prostitution.

Et soudain je sentis un bras sous le mien, tandis qu'une voix éperdue me murmurait dans l'oreille :

« Sauvez-moi, monsieur, sauvez-moi, ne me quittez pas. »

Je regardai la fille. Elle n'avait pas vingt ans, bien que fanée déjà. Je lui dis : « Reste avec moi. » Elle murmura : « Oh ! merci. »

Nous arrivions dans la ligne des agents. Elle s'ouvrit pour me laisser passer.

Et je m'engageai dans la rue Drouot.

Ma compagne me demanda :

« Viens-tu chez moi ?

— Non.

— Pourquoi pas ? Tu m'as rendu un rude service que je n'oublierai pas. »

Je répondis, pour me débarrasser d'elle :

« Parce que je suis marié.

— Qu'est-ce que ça fait ?

— Voyons, mon enfant, ça suffit. Je t'ai tirée d'affaire. Laisse-moi tranquille maintenant. »

La rue était déserte et noire, vraiment sinistre. Et cette femme qui me serrait le bras rendait plus affreuse encore cette sensation de tristesse qui m'avait envahi. Elle voulut m'embrasser. Je me reculai avec horreur ; et d'une voix dure :

« Allons, f...-moi la paix, n'est-ce pas ? »

Elle eut une sorte de mouvement de rage, puis, brusquement, se mit à sangloter. Je demeurai éperdu, attendri, sans comprendre.

« Voyons, qu'est-ce que tu as ? »

Elle murmura dans ses larmes :

« Si tu savais, ça n'est pas gai, va.

— Quoi donc ?

— C'te vie-là.

— Pourquoi l'as-tu choisie ?

— Est-ce que c'est ma faute ?

— A qui la faute alors ?

— J'sais-ti, moi ! »

Une sorte d'intérêt me prit pour cette abandonnée.

Je lui demandai :

« Dis-moi ton histoire ? »

Elle me la conta.

« J'avais seize ans, j'étais en service à Yvetot, chez M. Lerable, un grainetier. Mes parents étaient morts. Je n'avais personne ; je voyais bien que mon maître me regardait d'une drôle de façon et qu'il me chatouillait les joues ; mais je ne m'en demandais pas plus long. Je savais les choses, certainement. A la campagne, on est dégourdi ; mais M. Lerable était un vieux dévot qu'allait à la messe chaque dimanche. Je l'en aurais jamais cru capable, enfin !

« V'là qu'un jour, il veut me prendre dans ma cuisine. Je lui résiste. Il s'en va.

« Y avait en face de nous un épicier, M. Dutan,

qui avait un garçon de magasin bien plaisant ; si tant est que je me laissai enjôler par lui. Ça arrive à tout le monde, n'est-ce pas ? Donc je quittais la porte ouverte, les soirs, et il venait me retrouver.

« Mais v'là qu'une nuit M. Lerable entend du bruit. Il monte et il trouve Antoine qu'il veut tuer. Ça fait une bataille à coups de chaise, de pot à eau, de tout. Moi j'avais saisi mes hardes et je me sauvai dans la rue. Me v'là partie.

« J'avais une peur, une peur de loup. Je m'habillai sous une porte. Puis je me mis à marcher tout droit. Je croyais pour sûr qu'il y avait quelqu'un de tué et que les gendarmes me cherchaient déjà. Je gagnai la grand-route de Rouen. Je me disais qu'à Rouen je pourrais me cacher très bien.

« Il faisait noir à ne pas voir les fossés, et j'entendais des chiens qui aboyaient dans les fermes. Sait-on tout ce qu'on entend la nuit ? Des oiseaux qui crient comme des hommes qu'on égorge, des bêtes qui jappent, des bêtes qui sifflent, et puis tant de choses que l'on ne comprend pas. J'en avais la chair de poule. A chaque bruit, je faisais le signe de croix. On ne s'imagine point ce que ça vous émouve le cœur. Quand le jour parut v'là que l'idée des gendarmes me reprit, et que je me mis à courir. Puis je me calmai.

« Je me sentis faim tout de même, malgré ma confusion ; mais je ne possédais rien, pas un sou, j'avais oublié mon argent, tout ce qui m'appartenait sur terre, dix-huit francs.

« Me v'là donc à marcher avec un ventre qui chante. Il faisait chaud. Le soleil piquait. Midi passe. J'allai toujours.

« Tout à coup, j'entends des chevaux derrière

moi. Je me retourne. Les gendarmes ! Mon sang ne fait qu'un tour ; j'ai cru que j'allais tomber ; mais je me contiens. Ils me rattrapent. Ils me regardent. Il y en a un, le plus vieux, qui dit :

« — Bonjour, mamzelle.

« — Bonjour, monsieur.

« — Ousque vous allez comme ça ?

« — J'vas t'à Rouen, en service dans une place « qu'on m'a t'offerte.

« — Comme ça, pédestrement ?

« — Oui, comme ça. »

« Mon cœur battait, monsieur, à ce que je ne pouvais plus parler. Je me disais : « Ils me tien- « nent. » Et j'avais une envie de courir qui me frétillait dans les jambes. Mais ils m'auraient rattrapée tout de suite, vous comprenez.

« Le vieux recommença :

« — Nous allons faire route ensemble jusqu'à « Barantin, mamzelle, vu que nous suivons le « même itinéraire.

« — Avec satisfaction, monsieur. »

« Et nous v'là causant. Je me faisais plaisante autant que je pouvais, n'est-ce pas ; si bien qu'ils ont cru des choses qui n'étaient point. Or, comme je passais dans un bois, le vieux dit :

« — Voulez-vous, mamzelle, que j'allions faire un repos sur la mousse ? »

« Moi, je répondis sans y penser.

«— A votre désir, monsieur. »

« Donc il descend et il donne son cheval à l'autre et nous v'là partis dans le bois tous deux.

« Il n'y avait plus à dire non. Qu'est-ce que vous auriez fait à ma place ? Il en prit ce qu'il a voulu ; puis il me dit : « Faut pas oublier le camarade. » Et il retourna tenir les chevaux, pendant que l'autre m'a rejointe. J'en étais honteuse que j'en aurais pleuré, monsieur. Mais je n'osais point résister, vous comprenez.

« Donc nous v'là repartis. Je ne parlions plus. J'avais trop de deuil au cœur. Et puis je ne pouvais plus marcher tant j'avais faim. Tout de même, dans un village, ils m'ont offert un verre de vin, qui m'a r'donné des forces pour quelque temps. Et puis ils ont pris le trot pour pas traverser Barantin de compagnie. Alors je m'assis dans le fossé et je pleurai tout ce que j'avais de larmes.

« Je marchai encore plus de trois heures durant avant Rouen. Il était sept heures du soir quand j'arrivai. D'abord toutes ces lumières m'éblouirent. Et puis je ne savais point où m'asseoir. Sur les routes, y a les fossés et l'herbe ousqu'on peut même se coucher pour dormir. Mais dans les villes, rien.

« Les jambes me rentraient dans le corps, et j'avais des éblouissements à croire que j'allais tomber. Et puis, il se mit à pleuvoir, une petite pluie fine, comme ce soir, qui vous traverse sans que ça ait l'air de rien. J'ai pas de chance les jours qu'il pleut. Je commençai donc à marcher dans les rues. Je regardais toutes ces maisons en me disant : « Y a « tant de lits et tant de pain dans tout ça, et je ne « pourrai point seulement trouver une croûte et « une paillasse. » Je pris par des rues où il y avait des femmes qui appelaient les hommes de passage. Dans ces cas-là, monsieur, on fait ce qu'on peut. Je me mis, comme elles, à inviter le monde. Mais on ne me répondait point. J'aurais voulu être morte. Ça dura bien jusqu'à minuit. Je ne savais même plus ce que je faisais. A la fin, v'là un homme qui m'écoute. Il me demande : « Ousque tu « demeures ? » On devient vite rusée dans la nécessité. Je répondis : « Je ne peux pas vous me- « ner chez moi, vu que j'habite avec maman. Mais « n'y a-t-il point de maisons où l'on peut aller ? »

« Il répondit : « Plus souvent que je vas dépenser « vingt sous de chambre. »

« Puis il réfléchit et ajouta : « Viens-t'en. Je con- « nais un endroit tranquille ousque nous ne serons « point interrompus. »

« Il me fit passer un pont et puis il m'emmena au bout de la ville, dans un pré qu'était près de la rivière. Je ne pouvais pus le suivre.

« Il me fit asseoir et puis il se mit à causer pourquoi nous étions venus. Mais comme il était long dans son affaire, je me trouvai tant percluse de fatigue que je m'endormis.

« Il s'en alla sans rien me donner. Je ne m'en aperçus seulement pas. Il pleuvait, comme je vous l'disais. C'est d'puis ce jour-là que j'ai des douleurs que je n'ai pas pu m'en guérir, vu que j'ai dormi toute la nuit dans la crotte.

« Je fus réveillée par deux sergots qui me mirent au poste, et puis, de là, en prison, où je restai huit jours, pendant qu'on cherchait ce que je pouvais bien être et d'où je venais. Je ne voulus point le dire par peur des conséquences.

« On le sut pourtant et on me lâcha, après un jugement d'innocence.

« Il fallait recommencer à trouver du pain. Je tâchai d'avoir une place, mais je ne pus pas, à cause de la prison d'où je venais.

« Alors je me rappelai d'un vieux juge qui m'avait

tourné de l'œil, pendant qu'il me jugeait, à la façon du père Lerable d'Yvetot. Et j'allai le trouver. Je ne m'étais point trompée. Il me donna cent sous quand je le quittai, en me disant : « T'en auras « autant toutes les fois ; mais viens pas plus souvent « que deux fois par semaine. »

« Je compris bien ça, vu son âge. Mais ça me donna une réflexion. Je me dis : « Les jeunes gens, « ça rigole, ça s'amuse ; mais il n'y a jamais gras, « tandis que les vieux, c'est autre chose. » Et puis je les connaissais maintenant, les vieux singes, avec leurs yeux en coulisse et leur petit simulacre de tête.

« Savez-vous ce que je fis, monsieur ? Je m'habillai en bobonne qui vient du marché, et je courais les rues en cherchant mes nourriciers. Oh ! je les pinçais du premier coup. Je me disais : « En v'là un « qui mord. »

« Il s'approchait. Il commençait :

« — Bonjour, mamzelle.

« — Bonjour, monsieur.

« — Ousque vous allez, comme ça ?

« — Je rentre chez mes maîtres.

« — Ils demeurent loin, vos maîtres ?

« — Comme ci, comme ça. »

« Alors il ne savait plus quoi dire. Moi je ralentissais le pas pour le laisser s'expliquer.

« Alors il prononçait, tout bas, quelques compliments, et puis il me demandait de passer chez lui. Je me faisais prier, vous comprenez, puis je cédais. J'en avais de la sorte deux ou trois pour chaque matin, et tous mes après-midi libres. Ç'a été le bon temps de ma vie. Je ne me faisais pas de bile.

« Mais voilà. On n'est jamais tranquille longtemps. Le malheur a voulu que je fisse la connaissance d'un grand richard du grand monde. Un ancien président qui avait bien soixante-quinze ans.

« Un soir, il m'emmena dîner dans un restaurant des environs. Et puis, vous comprenez, il n'a pas su se modérer. Il est mort au dessert.

« J'ai eu trois mois de prison, vu que je n'étais point sous la surveillance.

« C'est alors que je vins à Paris.

« Oh ! ici, monsieur, c'est dur de vivre. On ne mange pas tous les jours, allez. Y en a trop. Enfin, tant pis, chacun sa peine, n'est-ce pas ? »

Elle se tut. Je marchais à son côté, le cœur serré. Tout à coup, elle se remit à me tutoyer.

« Alors tu ne montes pas chez moi, mon chéri ?

— Non, je te l'ai déjà dit.

— Eh bien, au revoir, merci tout de même, sans rancune. Mais je t'assure que tu as tort. »

Et elle partit, s'enfonçant dans la pluie fine comme un voile. Je la vis passer sous un bec de gaz, puis disparaître dans l'ombre. Pauvre fille !

LA FENÊTRE

Je fis la connaissance de Mme de Jadelle à Paris, cet hiver. Elle me plut infiniment tout de suite. Vous la connaissez d'ailleurs autant que moi..., non... pardon... presque autant que moi... Vous savez comme elle est fantasque et poétique en même temps. Libre d'allures et de cœur impressionnable, volontaire, émancipée, hardie, entreprenante, audacieuse, enfin au-dessus de tout préjugé et, malgré cela, sentimentale, délicate, vite froissée, tendre et pudique.

Elle était veuve, j'adore les veuves, par paresse. Je cherchais alors à me marier, je lui fis la cour. Plus je la connaissais, plus elle me plaisait ; et je crus le moment venu de risquer ma demande. J'étais amoureux d'elle et j'allais le devenir trop. Quand on se marie, il ne faut pas trop aimer sa femme, parce qu'alors on fait des bêtises ; on se trouble, on devient en même temps niais et brutal. Il faut se dominer encore. Si on perd la tête le premier soir, on risque fort de l'avoir boisée un an plus tard.

Donc, un jour, je me présentai chez elle avec des gants clairs et je lui dis :

« Madame, j'ai le bonheur de vous aimer et je viens vous demander si je puis avoir quelque espoir de vous plaire, en y mettant tous mes soins, et de vous donner mon nom. »

Elle me répondit tranquillement :

« Comme vous y allez, monsieur ! J'ignore absolument si vous me plairez tôt ou tard ; mais je ne demande pas mieux que d'en faire l'épreuve. Comme homme, je ne vous trouve pas mal. Reste à savoir ce que vous êtes comme cœur, comme caractère et comme habitudes. La plupart des mariages deviennent orageux ou criminels, parce qu'on ne se connaît pas assez en s'accouplant. Il suffit d'un rien, d'une manie enracinée, d'une opinion tenace sur un point quelconque de morale, de religion ou de n'importe quoi, d'un geste qui déplaît, d'un tic, d'un tout petit défaut ou même d'une qualité désagréable pour faire deux ennemis irréconciliables, acharnés et enchaînés l'un à l'autre jusqu'à la mort, des deux fiancés les plus tendres et les plus passionnés.

« Je ne me marierai pas, monsieur, sans connaître à fond, dans les coins et replis de l'âme, l'homme dont je partagerai l'existence. Je le veux étudier à loisir, de tout près, pendant des mois.

« Voici donc ce que je vous propose. Vous allez venir passer l'été chez moi, dans ma propriété de Lauville et nous verrons là, tranquillement, si nous sommes faits pour vivre côte à côte...

« Je vous vois rire ! Vous avez une mauvaise pensée. Oh ! monsieur, si je n'étais pas sûre de moi, je ne vous ferais point cette proposition. J'ai pour l'amour, tel que vous le comprenez, vous autres hommes, un tel mépris et un tel dégoût qu'une chute est impossible pour moi. Acceptez-vous ? »

Je lui baisai la main.

« Quand partons-nous, madame ?

— Le 10 mai. C'est entendu ?

— C'est entendu. »

Un mois plus tard, je m'installais chez elle. C'était vraiment une singulière femme. Du matin au soir, elle m'étudiait. Comme elle adore les chevaux, nous passions chaque jour des heures à nous promener par les bois, en parlant de tout, car elle cherchait à pénétrer mes plus intimes pensées autant qu'elle s'efforçait d'observer jusqu'à mes moindres mouvements.

Quant à moi, je devenais follement amoureux et je ne m'inquiétais nullement de l'accord de nos caractères. Je m'aperçus bientôt que mon sommeil lui-même était soumis à une surveillance. Quelqu'un couchait dans une petite chambre à côté de la mienne, où l'on n'entrait que fort tard et avec des précautions infinies. Cet espionnage de tous les instants finit par m'impatienter. Je voulus hâter le dénouement, et je devins, un soir, entreprenant. Elle me reçut de telle façon que je m'abstins de toute tentative nouvelle ; mais un violent désir m'envahit de lui faire payer, d'une façon quelconque, le régime policier auquel j'étais soumis, et je m'avisai d'un moyen.

Vous connaissez Césarine, sa femme de chambre, une jolie fille de Granville, où toutes les femmes sont belles, mais aussi blonde que sa maîtresse est brune.

Donc, un après-midi j'attirai la soubrette dans ma

chambre, je lui mis cent francs dans la main et je lui dis :

« Ma chère enfant, je ne veux te demander rien de vilain, mais je désire faire envers ta maîtresse ce qu'elle fait envers moi. »

La petite bonne souriait d'un air sournois. Je repris :

« On me surveille jour et nuit, je le sais. On me regarde manger, boire, m'habiller, me raser et mettre mes chaussettes, je le sais. »

La fillette articula :

« Dame, monsieur... », puis se tut. Je continuai :

« Tu couches dans la chambre à côté pour écouter si je souffle ou si je rêve tout haut, ne le nie pas !... »

Elle se mit à rire tout à fait et prononça :

« Dame, monsieur... », puis se tut encore.

Je m'animai :

« Eh bien, tu comprends, ma fille, qu'il n'est pas juste qu'on sache tout sur mon compte et que je ne sache rien sur celui de la personne qui sera ma femme. Je l'aime de toute mon âme. Elle a le visage, le cœur, l'esprit que je rêvais, je suis le plus heureux des hommes sous ce rapport ; cependant il y a des choses que je voudrais bien savoir... »

Césarine se décida à enfoncer dans sa poche mon billet de banque. Je compris que le marché était conclu.

« Écoute, ma fille, nous autres hommes, nous tenons beaucoup à certains... à certains... détails... physiques, qui n'empêchent pas une femme d'être charmante, mais qui peuvent changer son prix à nos yeux. Je ne te demande pas de me dire du mal de ta maîtresse, ni même de m'avouer ses défauts secrets si elle en a. Réponds seulement avec franchise aux quatre ou cinq questions que je vais te poser. Tu connais Mme de Jadelle comme toi-même, puisque tu l'habilles et que tu la déshabilles tous les jours. Eh bien, voyons, dis-moi cela. Est-elle aussi grasse qu'elle en a l'air ? »

La petite bonne ne répondit pas.

Je repris :

« Voyons, mon enfant, tu n'ignores pas qu'il y a des femmes qui se mettent du coton, tu sais, du coton là où, là où... enfin du coton là où on nourrit les petits enfants, et aussi là où on s'assoit. Dis-moi, met-elle du coton ? »

Césarine avait baissé les yeux. Elle prononça timidement :

« Demandez toujours, monsieur, je répondrai tout à la fois.

— Eh bien, ma fille, il y a aussi des femmes qui ont les genoux rentrés, si bien qu'ils s'entrefrottent à chaque pas qu'elles font. Il y en a d'autres qui les ont écartés, ce qui leur fait des jambes pareilles aux arches d'un pont. On voit le paysage au milieu. C'est très joli des deux façons. Dis-moi comment sont les jambes de ta maîtresse ? »

La petite bonne ne répondit pas.

Je continuai :

« Il y en a qui ont la poitrine si belle qu'elle forme un gros pli dessous. Il y en a qui ont des gros bras avec une taille mince. Il y en a qui sont très fortes par-devant et pas du tout par-derrière ; d'autres qui sont très fortes par-derrière et pas du tout par-devant. Tout cela est très joli, très joli mais je voudrais bien savoir comment est faite ta maîtresse. Dis-le-moi franchement et je te donnerai encore beaucoup d'argent... »

Césarine me regarda au fond des yeux et répondit en riant de tout son cœur :

« Monsieur, à part qu'elle est noire, madame est faite tout comme moi. »

Puis elle s'enfuit.

J'étais joué.

Cette fois, je me trouvai ridicule et je résolus de me venger au moins de cette bonne impertinente.

Une heure plus tard, j'entrai avec précaution dans la petite chambre, d'où elle m'écoutait dormir, et je dévissai les verrous.

Elle arriva vers minuit à son poste d'observation. Je la suivis aussitôt. En m'apercevant, elle voulut crier ; mais je lui fermai la bouche avec ma main et je me convainquis, sans trop d'efforts, que, si elle n'avait pas menti, Mme de Jadelle devait être très bien faite.

Je pris même grand goût à cette constatation qui, d'ailleurs poussée un peu loin, ne semblait plus déplaire à Césarine.

C'était, ma foi, un ravissant échantillon de la race *bas-normande,* forte et fine en même temps. Il lui manquait peut-être certaines délicatesses de soins qu'aurait méprisées Henri IV. Je les lui révélai bien vite, et comme j'adore les parfums, je lui fis cadeau, le soir même, d'un flacon de lavande ambrée.

Nous fûmes bientôt plus liés même que je n'aurais cru, presque amis. Elle devint une maîtresse exquise, naturellement spirituelle, et rouée à plaisir. C'eût été, à Paris, une courtisane de grand mérite.

Les douceurs qu'elle me procura me permirent

d'attendre sans impatience la fin de l'épreuve de Mme de Jadelle. Je devins d'un caractère incomparable, souple, docile, complaisant.

Quant à ma fiancée, elle me trouvait sans doute délicieux, et je compris, à certains signes, que j'allais bientôt être agréé. J'étais certes le plus heureux homme du monde, attendant tranquillement le baiser légal d'une femme que j'aimais dans les bras d'une jeune et belle fille pour qui j'avais de la tendresse.

C'est ici, madame, qu'il faut vous tourner un peu ; j'arrive à l'endroit délicat.

Mme de Jadelle, un soir, comme nous revenions de notre promenade à cheval, se plaignit vivement que ses palefreniers n'eussent point pour la bête qu'elle montait certaines précautions exigées par elle. Elle répéta même plusieurs fois : « Qu'ils prennent garde, qu'ils prennent garde. J'ai un moyen de les surprendre. »

Je passai une nuit calme, dans mon lit. Je m'éveillai tôt, plein d'ardeur et d'entrain. Et je m'habillai.

J'avais l'habitude d'aller chaque matin fumer une cigarette sur une tourelle du château où montait un escalier en limaçon, éclairé par une grande fenêtre à la hauteur du premier étage.

Je m'avançais sans bruit, les pieds en mes pantoufles de maroquin aux semelles ouatées, pour gravir les premières marches, quand j'aperçus Césarine, penchée à la fenêtre, regardant au-dehors.

Je n'aperçus pas Césarine tout entière, mais seulement une moitié de Césarine, la seconde moitié d'elle ; j'aimais autant cette moitié-là. De Mme de Jadelle j'eusse préféré peut-être la première. Elle était charmante ainsi, si ronde, vêtue à peine d'un petit jupon blanc, cette moitié qui s'offrait à moi.

Je m'approchai si doucement que la jeune fille n'entendit rien. Je me mis à genoux : je pris avec mille précautions les deux bords du fin jupon, et, brusquement, je relevai. Je la reconnus aussitôt, pleine, fraîche, grasse et douce, la face secrète de ma maîtresse, et j'y jetai, pardon, madame, j'y jetai un tendre baiser, un baiser d'amant qui peut tout oser.

Je fus surpris. Cela sentait la verveine ! Mais je n'eus pas le temps d'y réfléchir. Je reçus un grand coup, ou plutôt une poussée dans la figure qui faillit me briser le nez. J'entendis un cri qui me fit dresser les cheveux. La personne s'était retournée — c'était Mme de Jadelle !

Elle battit l'air de ses mains comme une femme qui perd connaissance ; elle haleta quelques secondes, fit le geste de me cravacher, puis s'enfuit.

Dix minutes plus tard, Césarine, stupéfaite, m'apportait une lettre ; je lus : « Mme de Jadelle espère que M. de Brives la débarrassera immédiatement de sa présence. »

Je partis.

Eh bien, je ne suis pas encore consolé. J'ai tenté de tous les moyens et de toutes les explications pour me faire pardonner cette méprise. Toutes mes démarches ont échoué.

Depuis ce moment, voyez-vous, j'ai dans... dans le cœur un goût de verveine qui me donne un désir immodéré de sentir encore ce bouquet-là.

COMMENTAIRES

par

Patrick Wald Lasowski

L'originalité de l'œuvre

En publiant *Le Rosier de Madame Husson,* chez Quantin, en mars 1888, dans une édition séparée, luxueuse, abondamment illustrée, Maupassant fixait lui-même les dimensions particulières du texte. Car s'il ne prétend pas à la même importance que ses plus belles nouvelles *(Boule de Suif, La Maison Tellier, Le Horla...),* cependant *Le Rosier de Madame Husson* se présentait seul, se donnait à lire séparément, avec tout l'attrait d'une curiosité, élu par Maupassant comme Isidore l'est par Mme Husson. De digression en digression, de l'éloge de la gourmandise à l'évocation du peintre Bouffé, emportée par le bavardage convaincu de Marambot, la nouvelle déploie en effet une sorte d'espace et de volume qui lui sont propres. Sans doute, il arrive souvent à Maupassant de porter fort loin l'extension de l'anecdote à l'origine de ses contes — tous ces « cancans d'Étretat », ces « foultitudes d'histoires », ces bribes de récits qu'il recueille partout, que lui rapportent sa mère, ses amis, les écrivains qu'il fréquente, collègues de bureau et relations mondaines, rencontres de passage —, mais il ne l'avait jamais aussi largement *enveloppée* : le narrateur ici s'émancipe et déborde le rôle qui lui est, d'ordinaire, imparti. Quand le docteur Marambot entonne l'air de Gisors, rien ne peut l'arrêter. Et Maupassant a soin de marquer que, loin de se confondre avec l'histoire d'Isidore, la nouvelle ne s'achève pas avec la mort du pécheur, avec la fin du rosier... Aussi, publiée séparément, la nouvelle prend la pose du livre, petit volume aux dimensions duquel la farce s'est épanouie, gonflée par l'éloquence provinciale. Comme un morceau privilégié, parfaitement réussi, sur le mode mineur. Comme si Maupassant, qui a toujours apprécié les œuvres courtes, vives et gaillardes du XVIIIe, avait désiré à son tour produire une de ces plaquettes, une de ces facéties colorées dont le titre, les personnages, l'argument restent précisément dans la mémoire. Cela tient de la fable et du proverbe — « Un bienfait n'est jamais perdu » —, fantaisie burlesque dont le succès est assuré.

Ainsi Gisors est épinglée, l'orgueil, le ventre profond de la province, promise — entre César, Napoléon et Marie — à la gloire de supplanter la célèbre rosière de Nanterre. Il n'y faut que quelques-uns de ces retournements de situation que s'autorise allégrement le conteur : ce n'est que par accident, en effet, que Raoul Aubertin s'y arrête, ayant déjà passé la ville quand la locomotive déraille ; le narrateur s'efface — après s'être livré à un long diagnostic, lisant sur son visage toute la vie de Marambot —, le docteur raconte ; la Rosière est devenue un Rosier ; le Rosier se révèle enfin un ivrogne achevé... L'origine du nom elle-même est totalement fausse : tout à l'honneur de Gisors qui, selon Marambot, invoque un *Caesaris ostium* forgé de toutes pièces par Maupassant qui fixe aussi sérieusement les étapes de son évolution, qu'il s'amusait à suivre, dans « Ça ira », la fille légère devenue « Zaïra », « Zara », « Sarah », « La Juive », au fil de ses amants successifs. César, donc, est à l'origine — tandis que Dauzat et Rostaing, cités par Pierre Cogny (cf. notre bibliographie), suggèrent prudemment avec *Gisus,* nom gaulois parfaitement méconnu, *ritum,* gué sur l'Epte, ville du passage, où personne ne descend —, et l'origine monte à la tête. Aussi le couronnement d'Isidore ne pouvait qu'avoir lieu le 15 août, « fête de la Vierge Marie et de l'empereur Napoléon ». Mais entre les verts pâturages où ruminent « les lourdes vaches de Normandie » et la statue du général de Blanmont érigée par Desbœufs (on n'échappe pas à la fatalité du bovidé), à l'encontre des vingt-trois Histoires de Gisors de Messieurs A.B.C.D., érudits de province, à rebours de toutes ses gloires que chante Marambot, *magnificus doctor* sur les tréteaux de la farce, Maupassant ne retient pour « immortaliser » la ville que l'histoire, l'historiette d'un Rosier tombé dans la débauche — ayant flatté l'origine pour mieux marquer la chute, exalté l'esprit provincial pour qu'un pochard vienne à propos le dégriser.

Mais si « Le Rosier de Madame Husson » comble ainsi notre attente, quelques-uns des contes qui, en octobre 1888, vont se ranger sous sa bannière pour former un nouveau recueil, appartiennent à une inspiration bien différente. C'est qu'il faut souligner qu'après avoir rivalisé avec les plus grands — Zola, Goncourt, Tourgueneff —, après s'être imposé comme leur égal, maître parmi les maîtres, Maupassant s'est souvent laissé tenté par cette autre sphère d'écriture et de publication qu'occupent alors journalistes et chroniqueurs parisiens, auteurs spirituels, sans grande profondeur mais de grand tirage, spécialisés dans les sujets au parfum scandaleux. Qui sont aux écrivains ce que les demi-mondaines sont au monde. Maupassant les connaît bien, les fréquente, les préface à l'occasion : il cède parfois, en toute connaissance, aux mêmes facilités. Ainsi — pour ne citer que deux exemples —, le « nouveau nez » que le médecin suggère à la jeune épouse innocente qui, entre « la voix de nez de papa », les crocs du cher Bijou et les « irritantes obsessions » de son mari, se croit terrassée par la rage sur son lit de noces (« Enragée ? ») ; la baronne, courtisane de haute volée, qui remet sur le marché son « Christ à vendre » (« La Baronne ») : ce sont là, typiquement, de ces jeux de mots dont le XIXe savoure, après dîner, les sous-entendus « spirituels ». Aussi rien d'étonnant si « Enragée ? » cite nommément *Autour du mariage* de Gyp, si la belle inconnue d'« Un Échec » parcourt une chronique de Scholl, si « Le Modèle » nous invite à lire « ce petit livre » d'Alphonse Daudet, *Les Femmes d'artistes,* si « La Revanche » se présente comme une saynète de salon tirant, pour un mari trompé, les conséquences piquantes du divorce. Au-delà des flatteries mutuelles, des complaisances journalistiques, clins d'œil et coups de chapeau, faits et effets d'actualité, Maupassant indique clairement l'esprit qui l'anime, le public qu'il veut couvrir. Solidaire de ces productions « charmantes », « cruelles » ou « vraies », reconnu aussi dans le demi-monde littéraire comme l'un des plus brillants, il fait ainsi, à sa manière, aveu de faiblesse, d'abandon.

C'est ailleurs qu'il faut, après l'illustre *Rosier,* chercher le meilleur Maupassant : quand il accuse en quelques mots, simplement, toute la médiocrité de Vannes, ville morne et désolée, dont la grisaille tombe sur les épaules du maréchal des logis Varajou à la recherche d'une maison de filles, ayant fui le bœuf en bouillie et la salle à manger humide dont « le papier se décolle près du sol » ; quand, immobilisé sur le trottoir gluant, gagné par la pluie fine (et hypocrite comme l'ordre social) qui ne cesse de tomber tout au long du récit, le lecteur connaît l'accablement insidieux, prolongé, qui pénètre lentement la jeune prostituée perdue dans la foule des sirènes frétillantes, méduses putrides du boulevard ; quand le désir, d'un coup, brutalement, vient au Benoist qui suit la Martine, sur le chemin, au retour de la messe, et dès lors en perd le sommeil, stupéfait, stupide, condamné à cette évidence — « c'est tout de même une belle fille » — qui a fait le vide et s'agite dans sa tête comme une mouche bourdonnante jusqu'au jour où, assistant l'accouchement de la Martine, il se délivre en même temps de sa hantise : avec l'enfant, la mouche s'en est allée...

Étude des personnages

D'autorité, occupant pleinement les lieux, lourd, pesant, bavard, Marambot s'impose — comme un acteur du théâtre de boulevard, bien planté sur la scène où il gesticule bruyamment, indélogeable, incontournable. En évoquant Henry Monnier, pêcheur des bords de l'Epte à la fin du *Rosier* — et de « pochard » à « pêcheur » l'écrivain glisse sans difficulté —, Maupassant indique en effet l'un des ancêtres possibles du docteur de Gisors : on pense à *Grandeur et Décadence de Joseph Prudhomme* (la pièce écrite et interprétée par Monnier, à l'Odéon, en 1852), à toute cette lignée de bourgeois ventrus qui s'agitent dans l'œuvre de Labiche, dans ses opérettes-bouffe, vaudevilles, comédies — *pochades* — où trônent Fadinard, Pomadour et autres Cravachons. Il y a dans Marambot qui tourne autour de la statue du général de Blanmont, du Perrichon fasciné par le mont Blanc. Et cependant, Maupassant lui reconnaît certain esprit critique, la connaissance de ses limites : Marambot ne va pas jusqu'à confondre l'Apollon du Belvédère avec la statue du général ! C'est que le docteur a toujours un mot, un récit à la bouche, qu'il est prodigue d'anecdotes, et que Maupassant, le conteur — qui, par là, garde une certaine sympathie, quelque part, pour tous ses narrateurs — ne peut manquer de lui en savoir gré : devant un œuf, au déjeuner, une dissertation sur les pondeuses, qu'un ivrogne passe dans la rue et c'est une histoire pittoresque et captivante, voici la tour Saint-Thomas et aussitôt le souvenir d'un prisonnier, la rivière au loin appelle le nom des pêcheurs les plus célèbres. « Il y avait autrefois », « J'ai oublié de te dire » : Marambot n'est jamais à court, narrateur « formidable »... Aussi Françoise, la vieille bonne de Mme Husson, lui fait pendant merveilleusement, elle qui écoute à toutes les portes, qui recueille tout : les potins, les propos, les soupçons, les moindres bruits. Épluchant plus scrupuleusement les listes du curé, du maire, du docteur, qu'Isidore devant sa porte épluche les légumes. Gisors est la ville où l'on jase. A cet égard, innocent à plus d'un titre, et tout au long de la nouvelle, le fils de la fruitière est le seul qui n'entend rien, qui ne dit mot, fuyant les ordures des galopins, fermant les oreilles aux polissonneries des filles, mais accablé de recommandations, d'exhortations, de conseils, depuis « l'allocution touchante » du prêtre jusqu'à la péroraison ronflante du maire qui le couvre de fleurs (et comment veut-on qu'un Rosier supporte longtemps une telle rhétorique, quand on lui demande, « première graine jetée dans ce champ de l'espérance », de donner des fruits, de rester chaste et faire souche, d'engendrer — virginal — une descendance nombreuse). C'est pourquoi le lecteur ne connaîtra même pas le son de sa voix. C'est aussi pourquoi Isidore s'enivre : pour n'avoir pas su prendre la parole, vaincu par tant de discours dont il fut l'objet, à jamais résigné. Sa régularité suscitait les éloges, battait la rumeur ; sa débauche lui vaut encore de passer en proverbe : toute sa vie condamné au silence, le cygne déchu est empaillé par un récit après sa mort.

Il est vrai qu'ils sont tous beaux parleurs, l'avocat qui fait acquitter le coupable (« L'Assassin »), le mari divorcé qui reconquiert, à titre de maîtresse, son ancienne épouse (« La Revanche »). Ils ont su se montrer absolument persuasifs. Mais c'est qu'on ne témoigne (« Une Vente »), qu'on ne plaide (« L'Assassin »), qu'on ne se confie (« Enragée ? ») jamais en vain : le narrateur sait bien qu'on l'entendra jusqu'au bout, qu'on ira même jusqu'à recueillir son dernier souffle — pourvu que celui-ci prenne la forme d'un récit — fût-ce au prix d'un certain ridicule, quand, longuement, avec le souci du détail, c'est la victime elle-même qui, les ciseaux dans la gorge, rendant l'âme, trouve encore la force de faire « le récit du crime » (« L'Assassin »). *In extremis...*

Le travail de l'écrivain

En faisant d'Isidore « le fils de Virginie la fruitière » (le père n'ayant laissé de lui qu'un souvenir quasi mythique, une montre bientôt perdue), en le revêtant d'impeccable coutil blanc le jour de la fête de Marie, Maupassant sollicitait une mythologie particulièrement efficace et qui a fait ses preuves depuis longtemps : l'Immaculée Conception, l'Eden des fruits et légumes, le chaste Élu, la souillure et la faute. Il ne lui restait plus qu'à installer tout ce petit monde en province, entre la pharmacie Boncheval et la maison Pougrisel, — et à pousser au noir. Car Maupassant ne pose Isidore si pur et si blanc que pour mieux exercer sa malice. C'est là ce qui tente l'écrivain (ou le peintre : quand la toile blanche excite quelques vigoureux coups de pinceau). Et Maupassant s'y livre en trois temps. Invoquant d'abord une simple tache de vin qui, pour marquer effectivement et symboliquement la chute, demeure un peu discrète. Puis roulant complètement le Rosier dans la boue, trempant le vierge Isidore dans tous les égouts de la ville, le vêtement de cérémonie devenu une loque : « Son beau costume de coutil blanc était devenu une loque grise, jaune, graisseuse, fangeuse, déchiquetée, ignoble ; et sa personne sentait toutes sortes d'odeurs d'égout, de ruisseau et de vice. » La déchéance, enfin, sera complète quand on verra l'espoir de Gisors se faire charretier (lui que le moindre juron faisait fuir) et conduire, du gris au noir, les voitures de charbon de la maison Pougrisel. On ne s'en relève pas.

Maupassant boucle ainsi, parfaitement, l'histoire. Il aura toujours le souci, dans chacun de ses contes, d'une évolution bien marquée, d'une structure forte, d'une conclusion définitive. « La Fenêtre », parce qu'elle est la dernière nouvelle, qui ferme le recueil, est exemplaire de ce point de vue. Le narrateur y navigue entre deux séries opposées qui se répondent exactement : la fiancée officielle, Mme de Jadelle, sentimentale et pudique, brune, de haute race, dont la verveine est le parfum, qui oblige M. de Brives à garder ses distances ; et la maîtresse secrète, Césarine, rouée à plaisir, « aussi blonde que sa maîtresse est brune », bas-normande, qui parfumera de lavande ambrée les nuits du fiancé. Ne dirait-on pas les deux moitiés de la femme idéale... Et c'est précisément une question de moitié qui fait s'effondrer toutes les manœuvres, tous les projets du narrateur, basculant lamentablement d'une série à l'autre pour avoir aperçu « la seconde moitié de Césarine » penchée à la fenêtre. Car la seule chose que partagent les deux femmes, qu'elles ont en commun, qui ne fait pas la différence, est cette « face secrète » sur laquelle M. de Brives jette un baiser. La chance lui a manqué : cela sent la verveine. Le voilà éconduit. Il n'y a rien à ajouter.

C'est cela, cette façon de boucler la nouvelle, qui fonde avant tout l'unité des recueils de Maupassant. Et lui permet de revenir sans cesse aux mêmes situations, aux mêmes thèmes, aux mêmes obsessions. Il n'est que de prendre simplement le titre de ces contes : « La Confession » paraît dans *Le Gaulois* d'octobre 1883 ; le même mois, dans *Gil Blas*, « La Confession de Théodule Sabot » ; en août 1884, « La Confession » qui sera recueillie dans *Le Rosier de Madame Husson* est publiée par *Gil Blas ;* il y faut ajouter « La Confession » du *Figaro*, de novembre 1884. Sans parler de « Confessions d'une femme », ou « Confidence »... Il en va de même pour le nom des personnages : Marambot survit quelque part en Maramballe, Mme Samoris et sa fille (« La Baronne ») descendent directement d'« Yveline Samoris » où s'affrontent la comtesse Samoris, courtisane, et sa fille, innocente et naïve. Rien de plus étonnant — cela donne le vertige — que de voir Maupassant passer d'un conte à l'autre, petites unités bien closes qui s'empilent en volumes, se croisant, se renvoyant l'une à l'autre, sans former véritablement un ensemble. « Voici encore deux petits contes, écrit Maupassant à V. Havard, son éditeur, en février 1883. Intercalez-les dans le milieu. Cela fait 18, c'est déjà beaucoup. » Et en avril 1883, à Rouveyre et Blond : « Si les contes que je vous ai envoyés ne suffisaient pas à faire un volume de 300 pages du type de *Mlle Fifi*, je m'empresserais d'ajouter deux nouvelles. » A Havard encore, d'octobre 1884 : « Vous recevrez [...] 5 contes. Je pense que cela suffira à faire un volume complet. » Le recueil du *Rosier* n'est pas construit différemment : « Je ne pensais pas que vous eussiez besoin tout de suite des nouvelles qui compléteront le volume, puisque celle qui paraît en tête doit être publiée isolément par vous auparavant. Je veux parler du *Rosier de Madame Husson.* Quant aux autres, prenez d'abord tous les contes contenus dans *Le Nouveau Décaméron* de Dentu, à l'exception de « L'Armoire », qui est déjà dans un volume de Marpon. Cela doit vous faire neuf nouvelles plus « Le Rosier », soit dix. Je vais vous en envoyer encore six, qui vous feront le volume complet » (Lettre à May, directeur de la Librairie Quantin, septembre 1887). Quelle navigation prodigieuse, quelle étourdissante distribution et multiplication des contes, qui invite à prendre, laisser ceci, retirer cela, n'hésitez pas à réclamer, je vous en mettrai deux douzaines. Tous les contes s'« intercalent ». Il faut et il suffit d'atteindre le volume nécessaire. L'œuvre se fait ainsi, conte après conte, volume après volume. Exactement comme Isidore, la vieille Magloire du « Petit Fût », les protagonistes d'« Une Vente » s'enivrent : « de fil en fil » (« Une Vente »), verre après verre, coup après coup... Avec simplement, parfois, une nouvelle plus longue, plus importante, plus belle, plus réfléchie que les autres : « Rosalie, apporte la fine, la surfine, le fil-en-dix » (« Le Petit Fût »)...

Le livre et son public

C'est Paul Ginisty, dont Maupassant avait préfacé en 1884 *L'Amour à trois,* qui fixe dans *Gil Blas* d'avril 1888, puis dans *L'Année littéraire 1888,* ce que la tradition critique retiendra le plus souvent du *Rosier de Madame Husson* : « C'est avec tous les raffinements d'une coquette édition, où chaque page est encadrée des compositions en couleur de M. Hubert Dys, qu'on nous donne une ironique et plaisante nouvelle de Guy de Maupassant, *Le Rosier de Madame Husson,* une bouffonne évocation d'un coin de vie provinciale.

« Ce Rosier-là ne porte point de roses. C'est un jeune habitant de Gisors qui, en raison de sa réserve et de sa modestie, est choisi, un jour où les rosières ont fait défaut pour le prix de vertu institué par une bienfaitrice du pays : touchant exemple que celui de sa candeur, et qui devrait faire honte aux fillettes insuffisamment dignes de cette récompense ! On l'habille de coutil blanc, on le conduit en grande pompe sur l'estrade officielle, on lui adresse un solennel discours dans lequel on rend hommage à sa vertu, et, tandis qu'il sanglote d'émotion confuse, d'orgueil, d'attendrissement, on lui remet la bourse qui contient les vingt-cinq pièces d'or... La cérémonie terminée, le rosier rentre chez lui, reconduit par la foule enthousiaste. O suggestion perfide de ces cinq cents francs, prix de la continence ! Isidore, la tête encore un peu lourde de tout le brouhaha de la fête, fait danser les louis dans sa main, et, pour la première fois, d'étranges désirs l'assaillent, lui, l'innocent et le chaste... A quelle tentation cède-t-il ? Brusquement, il saisit son chapeau, qui porte encore un petit bouquet de fleurs d'oranger, et il disparaît... C'est une grande inquiétude dans Gisors ! Qu'est devenu ce parfait modèle, ce parangon de pudicité ? Hélas, quand on le retrouve, au bout de huit jours, le rosier est abominablement ivre — et quels propos échappent à ces lèvres jadis candides ! Isidore a bu son prix, et s'est si bien vautré dans la noce ignoble qu'il reste incorrigible, cité désormais pour sa réputation d'ivrogne comme il l'avait été — avant qu'on la consacrât publiquement — pour sa réputation de retenue et de pureté immaculée » (Cité par L. Forestier dans son édition de la Pléiade). Il est frappant de voir Ginisty se consacrer exclusivement au résumé de l'intrigue, à l'anecdote, confirmant par là ce qu'il reconnaissait ailleurs à Maupassant : « la netteté incisive du trait ». Et l'on comprend, « bouffonne évocation », que *Le Rosier* ait tenté Louis Verneuil — qui en tire une opérette en 1937 — et Bernard Deschamps et Jean Royer — car c'est déjà un scénario que Ginisty nous livre — qui, en 1932 et 1950, en ont tiré un film. Il suffit alors, pour imaginer ce que le grand public a pu garder de ces adaptations successives, de mentionner le nom des interprètes du rosier : Fernandel et Bourvil, échappés du café-concert, du comique troupier.

Phrases clefs — Pensées principales

En juin 1883, Guy de Maupassant fait lui-même « la réclame » des *Contes de la bécasse* qu'il envoie à l'éditeur, Rouveyre : « Et les nouvelles qui suivent donnent toutes des échantillons très divers de la bonne humeur railleuse de l'écrivain. Deux ou trois seulement apportent une note dramatique dans l'ensemble. » C'est là, très exactement, ce qu'il pourrait dire du *Rosier de Madame Husson*, drames, bonne humeur et ironie mêlées. Maupassant renouvelant régulièrement ses « échantillons » — avec cette aisance, cette facilité, cette distance dans la facilité qu'on lui reprochera parfois. Jules Renard, par exemple : « C'est un homme qui n'est jamais embarrassé. Il n'apprend rien, et la qualité de ses sentiments ne lui vaut pas notre affection. Bonjour, bonsoir. On n'a pas d'intimité avec lui » (*Journal*, 1905). La limpidité extrême de l'écriture, l'efficacité de l'anecdote, la clôture de ses contes les donnent trop vite, trop bien, à consommer : bonjour et bonsoir, on est déjà passé au suivant, on attend le prochain... Et Jules Renard se reconnaissait bien en Maupassant : « Jules Renard, ce Maupassant de poche », écrit-il dans son *Journal* en 1894. Les poches toujours pleines de courts récits, d'observations minutieuses, ramassant sur le chemin jusqu'au moindre bout de ficelle, ne sont-ils pas tous les deux, Jules Renard et Guy de Maupassant, quand ils font boire les rosiers et parler la province, des écrivains de poche ?

Quand il se confie cependant, comme il le fait dans *Sur l'eau* (1888), Maupassant définit plus profondément, avec une intensité étrange, particulièrement dramatique, le propre du romancier : « Son œil est comme une pompe qui absorbe tout, comme la main d'un voleur toujours en travail. Rien ne lui échappe, il cueille et ramasse sans cesse ; il cueille les mots, les gestes, les intentions, tout ce qui passe et se passe devant lui. » Bien sûr, on reconnaît aussitôt la sûreté de coup d'œil de tous les narrateurs — Aubertin devant son labadens Marambot, le séducteur devant la belle (« Un Échec »), le promeneur du boulevard (« L'Odyssée d'une fille ») : rien ne leur échappe. Mais on a le sentiment d'être là à proximité d'une grande violence : cet œil inlassable qui cueille, qui vole, sans s'arrêter, sans que Maupassant lui-même puisse l'arrêter, toujours, toujours, effrayante machine... C'est toute la violence que cache, dont se nourrit ce mot complètement vide de sens, quand nous parlons d'un écrivain : la facilité.

Biographie

1850. — Naissance de Guy de Maupassant à Fécamp, le 5 août.

1856. — Naissance d'Hervé de Maupassant, frère de Guy.

1860-1868. — Séparée de Gustave de Maupassant, époux volage, père sans consistance, Laure vit à Étretat avec ses deux enfants : « Arrondie en croissant de lune, la petite ville d'Étretat, avec ses falaises blanches, son galet blanc et sa mer bleue [...] » (« Le Modèle »).
Guy est élève au séminaire d'Yvetot, et se plaint de ce « couvent triste ». Mais les vacances au bord de la mer le délivrent de cette atmosphère confinée, de même qu'à Paris, quelques années plus tard, la Seine lui permettra d'échapper à l'« enfer » du bureau.
C'est précisément d'Yvetot que provient le chapeau à fleurs dont est coiffée la Martine (« La Martine »). Est-il besoin de souligner à quel point la Normandie, puis Paris et

Cannes, jouent un rôle déterminant dans les contes et nouvelles de Maupassant.

1869. — Chassé de l'Institution d'Yvetot, Maupassant est inscrit au lycée de Rouen où chaque dimanche il retrouve Louis Bouilhet qui lui fait rencontrer Gustave Flaubert à Croisset. Très vite, Flaubert devient le maître et ami, le confident, le correcteur des premiers textes. Maupassant lui fait part de ses ambitions, il lui racontera bientôt toutes ses « prouesses ».

1870. — Installé à Paris pour y suivre des cours à la faculté de droit, Maupassant est mobilisé lorsque la guerre franco-prussienne conduit le Second Empire à la débâcle. La défaite de la nation a sans doute une grande place dans le pessimisme de Maupassant : l'échec collectif, la déroute des armées ne laisse plus de place qu'aux tribulations individuelles ; il n'y a plus d'Histoire, seulement des anecdotes.

1872. — Maupassant entre au ministère de la Marine et des Colonies. Il connaîtra jusqu'en 1880 la vie de fonctionnaire, à la fois amusé et terrifié par la médiocrité des employés qu'il côtoie.

1872-1875. — Maupassant mène joyeuse vie, courant du ministère aux bords de Seine où il pratique vigoureusement le canotage. Les exploits sportifs et les prouesses sexuelles se multiplient : ici et là, Maupassant affiche le goût de la performance, qu'il portera bientôt dans l'écriture de ses contes.

1875-1880. — Maupassant, attiré d'abord par le théâtre — « La Revanche » témoigne que ce goût pour le théâtre ne l'abandonnera jamais — et la poésie, commence à écrire.

Premières œuvres : pièces, poèmes, nouvelles.

Il commence alors à consulter sérieusement les médecins. Tantôt identifiant son mal — « J'ai la vérole ! enfin ! la vraie ! » —, tantôt pensant à des maladies nerveuses, de l'estomac ou du cœur. Les traitements se succèdent en vain.

Aux périodes d'intense activité répondent de profondes dépressions. Au côté « farce » de l'existence s'oppose le sentiment d'une terrible « monotonie ».

1880. — *Les Soirées de Médan* paraissent en avril, et « Boule de Suif » est aussitôt considérée comme la meilleure nouvelle du recueil. Quelques jours plus tard, Maupassant publie *Des Vers.*

En mai, la mort soudaine de Flaubert le bouleverse profondément, le laisse seul.

1881. — Maupassant écrit à Gisèle d'Estoc : « J'ai des sens que je cherche sans cesse à aiguiser et tous, je suis un gourmand enthousiaste, un gourmand solitaire qui mange pour manger, pour sentir les exquises sensations des nourritures saines, pour percevoir les saveurs diverses, les arômes légers, les parfums fugitifs d'aimer. » Ce n'est pas le personnage de Marambot qui se profile ici : Maupassant exalte la gourmandise — confidence sexuelle — pour se donner le bénéfice d'une sensualité qui, en réalité, lui fera toujours défaut.

La Maison Tellier, nouveau chef-d'œuvre.

1882-1889. — Maupassant ne cesse d'écrire sur un rythme de plus en plus accéléré. Les recueils de contes se multiplient : *Mademoiselle Fifi* en 1882, *Les Contes de la bécasse* en 1883, *Le Horla* en 1887, *Le Rosier de Madame Husson* en 1888, parmi tant d'autres. Les romans se succèdent : *Une Vie* en 1883, *Bel-Ami* en 1885, *Mont-Oriol, Pierre et Jean*... La maladie, cependant, s'aggrave chaque année.

En avril 1884, Maupassant écrit à Marie Bashkirtseff, nouvelle confidence pour séduire et convaincre : « J'avais deux passions. Il fallait en sacrifier une — j'ai un peu sacrifié la gourmandise. Je suis devenu sobre comme un chameau. »

1889-1893. — L'internement d'Hervé de Maupassant — qui jette à son frère venu le conduire à l'asile : « C'est toi le fou de la famille ! » —, puis sa mort, la même année, sont comme le reflet sinistre de ce qui l'attend. Sa santé s'est en effet complètement détériorée. La paralysie gagne. Maupassant est pris dans les glaces : « Beau soleil, mais les lacs du Bois de Boulogne sont encore complètement gelés. C'est une terrible année » (Lettre à sa mère, février 1891). En mars encore : « Je crois (...) que cet hiver abominable a fait de moi une plante gelée » (Lettre à sa mère)...

Le 5 décembre 1891, Maupassant écrit à Maître Jacob : « C'est moi qui ai ramené en France le goût violent du conte et de la nouvelle. »

Dans la nuit du 1er janvier 1892, il tente de se suicider.

Entré à la clinique du docteur Blanche, il y mourra le 6 juillet 1893.

C'est en 1891, sur ces bords de la rivière que Marambot désigne à Aubertin, que Monet peint ses *Peupliers du bord de l'Epte.* De son côté, dans le guide qu'il consacre à la Normandie, bien des années plus tard, Camille Mauclair évoquera Gisors « coquette, douce et fleurie, dominée par les restes de son formidable donjon » (*La Normandie*). Des deux écrivains, Mauclair et Maupassant, lequel a mieux vu ?...

Bibliographie

BONNEFIS, Philippe, *Comme Maupassant,* Presses Universitaires de Lille, 1981.

BUISINE, Alain, « Prose tombale », *Revue des Sciences humaines,* nº 160, 1975.

COGNY, Pierre, Édition du *Rosier de Madame Husson,* Garnier-Flammarion, 1976.

FORESTIER, Louis, Édition des *Contes et Nouvelles,* Gallimard, « La Pléiade », 1974.

SAVINIO, Alberto, *Maupassant et l'« Autre »,* Gallimard, 1977.

WALD LASOWSKI, Patrick, *Syphilis,* Gallimard, 1982.

NOTES

P. 19

1. C'est saint Médard, évêque de Noyon et seigneur de Salency au ve siècle, qui aurait imaginé le premier d'honorer tous les ans la fille la plus vertueuse en lui attribuant une somme de vingt-cinq livres et une couronne de roses. L'institution s'est perpétuée et répandue à travers les siècles, particulièrement vivante sous Louis XIII, redécouverte dans la seconde moitié du XVIIIe siècle, et renouvelée par la société industrielle du XIXe, où, comme à Lille par exemple, les associations charitables de la ville cherchent à doter les ouvrières les plus pauvres. Les rosières de Nanterre, de Fontenay, de Suresnes étaient alors fort célèbres. Dans sa *Notice sur la rosière de Suresnes* (1859), l'abbé Bertaux fournit des renseignements intéressants sur l'historique et le cérémonial de la fête : il signale en note qu'en 1859, c'est un jeune rosier qui fut couronné à Clairac...

La rosière n'a pas manqué d'inspirer écrivains et chansonniers : le marquis de Pezay écrit *La Rosière de Salency* (1774), comédie pastorale, avec musique de Grétry. On trouve encore, sous le même titre, un opéra-comique de Favart, un vaudeville impromptu de Scribe (1823). Deslandes et Dejazet composent *La Rosière de quarante ans*, un opéra-comique, Théodore Barrière, *Rosière et Nourrice*, vaudeville. En 1872, William Busnach donne *La Rosière de Valentino* en un acte sur la scène des Folies-Bergère. Opéra-comique, Folies-Bergère et collection « gauloise » : vertueuse, sans tache, la rosière suscite ainsi la charge, excite la verve du vaudeville.

Il reste à signaler enfin, postérieurs à Maupassant, piètres comédies ou romans, parmi d'autres, *La Rosière de Cucuron* d'E. Florian (1913), *La Rosière de Mont-Quercy* d'A. Avèze, *La Rosière des Halles* de Lauritz (1936).

Dès le titre de sa nouvelle, s'impose l'originalité de Maupassant, seul *écrivain* parmi tous ceux que la rosière a inspirés. Rosier s'est substitué à rosière et, plus encore, au nom du lieu Maupassant a préféré celui d'un personnage : ce renversement fonde l'autorité de l'écrivain lui-même. De toutes ces rosières, il ne reste, et pour toujours, que *Le Rosier de Madame Husson de Guy de Maupassant.*

2. Devant Mme Husson et Françoise, comme devant Mme Lefèvre et Rose (*Pierrot*), tous ces couples étroits que forment la maîtresse et sa bonne, on pense aussitôt à Mme Aubain et à Félicité d'*Un Cœur simple.* Mais aussi, peut-être, à Flaubert lui-même : Flaubert et Maupassant, le premier « plaçant » l'autre, le recommandant à ses amis, au ministère — tandis que Maupassant lui envoie lettre sur lettre, le tient au courant de tout, le fournit en mille informations diverses, battant pour lui la ville et la campagne.

P. 21

1. C'est bien le propre de Maupassant, conteur malicieux, d'élever ici le livre de cuisine de Françoise — où l'on apprend que Malvina Levesque s'a dérangé avec Mathurin Poilu entre le Beurre et le Gigot — à la dignité du Livre des livres, livre des dépenses et des recettes, des mille potins rapportés. Bible dont Maupassant respecte aussi scrupuleusement la typographie, que Mme Husson la consulte chaque matin.

P. 28

1. Ce sont là de ces taches dont la Religion nous apprend qu'elles sont définitives. Maupassant, Huysmans et leurs amis ne s'y sont pas trompés, en ont tiré le bénéfice littéraire. Ainsi la fille qui « a dormi la nuit dans la crotte » en garde à jamais « des douleurs » (*L'Odyssée d'une fille,* p. 230) ; et aussi bien, sans doute, celui qui, à son tour, viendra la ramasser : « Tu as ramassé une traînée de boue, mon cher ! et tu sais, on a beau se décrotter, il en reste toujours, ça revient comme la tache d'huile sur les étoffes » (*Marthe. Histoire d'une fille* de Huysmans)...

P. 39

1. Elle est tout ouïe, dirait Philippe Bonnefis qui a développé les rapports essentiels du narrateur et de son auditoire, de la bouche à l'oreille, dans les contes et nouvelles de Maupassant (*Comme Maupassant*). « Parlez, monsieur, je vous écoute », dira exemplairement Maître Bontran au notaire venu lui exposer son cas (« Divorce », p. 121)... Mais ici, le Parisien empressé qui, sur le bateau, raconte « des histoires du monde », cite encore des intrigues, se « remet à parler » — « avec une verve incroyable et semée d'anecdotes sur les gens célèbres, véritables friandises de conversation dont sont excessivement avides les provinciaux » (*Illusions perdues*, Balzac) —, échoue, malgré tous ses efforts à conquérir la belle. L'échec du séducteur est l'exception qui confirme la règle ordinaire ; il fait la matière d'un récit supplémentaire, d'autant plus singulier : le Parisien volubile pourra encore se vanter, épisode piquant parmi ses aventures faciles, d'avoir enfin trouvé à qui parler.

P. 94

1. Le désir s'agite comme une mouche dans l'esprit de Benoist ; dans *Sur l'eau* (1888), c'est la pensée de l'homme qui se heurte aux parois d'une bouteille fermée : « Les limites précises, proches, infranchissables, une fois atteintes, elle tourne comme un cheval dans un cirque, comme une mouche dans une bouteille fermée, voletant jusqu'aux parois où elle se heurte toujours. » Mais si l'esprit est ainsi obsédé, qu'advient-il quand la mouche est envolée, quand la bouteille est vide ? « Ma tête où aucune idée ne s'agite, n'est plus qu'une boîte à migraines », écrit Maupassant au docteur Cazalis en décembre 1887... Et l'on se met à rêver, à la suite de Maupassant, à l'évasion de Bazaine rapportée dans *Sur l'eau*. Bazaine vient de s'échapper à l'insu de ses gardiens : « On verrouilla la prison vide. Et chacun rentra chez soi. » N'est-ce pas, tragiquement, ce qui arrivera à Maupassant lui-même le 1er janvier 1892 ? Maupassant dont l'esprit n'est désormais que boîte vide — où rien ne s'agite plus — verrouillée.

TABLE

COMMENTAIRES

Composition réalisée par C.M.L., Montrouge.

IMPRIMÉ EN FRANCE PAR BRODARD ET TAUPIN
Usine de La Flèche (Sarthe).
LIBRAIRIE GÉNÉRALE FRANÇAISE - 6, rue Pierre-Sarrazin - 75006 Paris.
ISBN : 2 - 253 - 00431 - 6 30/0955/2